BLACK SWAN 黑天鹅图书

为 人 生 提 供 领 跑 世 界 的 力 量

钟塔演讲那一天，两个人
一见钟情。

力克在帆船上向佳苗求
婚，他嘴里含着的正是
求婚戒指。

佳苗答应了力克的求婚。
你能看到力克脸上安宁与
满足的表情吗？

本照片来自Cherie Foto网站

她美不美？像不像天仙？

本照片来自Cherie Foto网站

婚礼日那天，以一曲难忘的双人舞结束。

本照片来自Cherie Foto网站

清志周岁生日，一家人其乐融融。

本照片来自Cherie Foto网站

婚礼日那天，以一曲难忘的双人舞结束。

本照片来自Cherie Foto网站

在夏威夷无忧无虑地度蜜月，随后是一次跳伞。（感谢佛罗里达州迪兰跳伞俱乐部的大力支持。）

佳苗怀孕，清志出生。

本图片来自克里斯汀·萨拉摄影网站

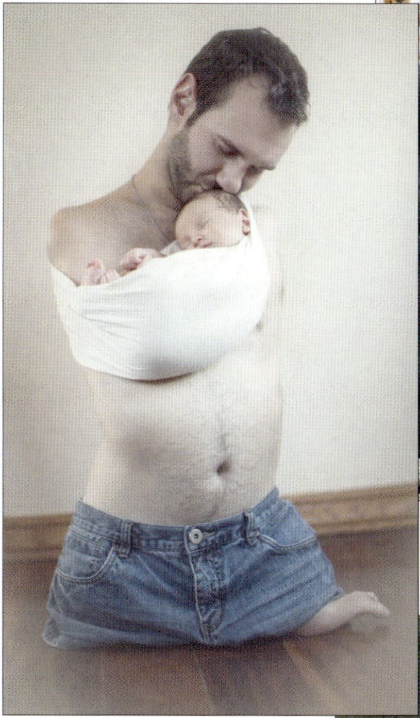

享受刚刚为人父母的乐趣。

本照片来自nicoletta daskalakis网站

清志与周游世界的父亲视频对话。6个月大的清志干净利落。

清志周岁生日，一家人其乐融融。

爱情不设限

永不放弃的
心比钻石更珍贵

LOVE
WITHOUT LIMITS

LOVE WITHOUT LIMITS

[澳大利亚] 力克·胡哲（Nick Vujicic）
佳苗·胡哲（Kanae Vujicic）著
吴果锦 译

长江出版传媒 | 湖北教育出版社

图书在版编目（CIP）数据

爱情不设限 /（澳）胡哲，（澳）胡哲著；吴果锦译.
—武汉：湖北教育出版社，2015.10
ISBN 978-7-5564-0879-5

Ⅰ.①爱… Ⅱ.①胡… ②胡… ③吴… Ⅲ.①爱情－通俗读物②婚姻－通俗读物 Ⅳ.①C913.1-49

中国版本图书馆CIP数据核字（2015）第238158号

版权登记号 图字：17-2015-255号

出版发行 湖北教育出版社
邮政编码 430015 电 话 027-83619605
地 址 武汉市青年路277号
网 址 http://www.hbedup.com
经 销 新华书店
印 刷 北京京都六环印刷厂
开 本 880mm×1230mm 1/32
印 张 9.75
字 数 190千字
版 次 2015年11月第1版
印 次 2015年11月第1次印刷
书 号 ISBN 978-7-5564-0879-5
定 价 36.00元

本书若有质量问题，请联系调换。电话：010-82069336

感谢耶稣基督，感谢他无伪、无止、无限的爱。

谨以此书向上帝的恩宠献礼。

谨愿此书能为那些追寻爱和希望的人带来启迪和鼓舞。

深切缅怀我的岳父宫原清志和我的伯父米洛什·胡哲。

LOVE

WITHOUT LIMITS

爱情不设限

目录

LOVE
WITHOUT LIMITS
爱情不设限

LOVE
WITHOUT LIMITS

爱情不设限

第一章
会有一个人，爱你如生命

欢迎阅读《爱情不设限》，本书旨在为你及其他正在寻找爱情和在维持爱情关系的路途中渴求指导的人带来鼓舞，使大家有所感悟。

本书的书名，灵感来自多个方面。其中之一即“没有四肢的人生”（Life Without Limbs）这个支持我全球福音布道的非营利组织。这个组织的名字源于这样一个事实：虽然我生来没有四肢，但我心怀上帝的旨意，要去鼓舞他人。所以，我并未受到残障的影响，反而有了一个没有四肢的、无所不能的、充实的人生。

我的第一本书（*Life Without Limits*）即借鉴了这个组织的名字，中文版译名为《人生不设限》。之所以用这个书名，是因为我在书中阐述了我的经历和感想：不论面对什么样的困难——生理的、心理的、情感的——我们都能活得很精彩。

由此，又衍生出了本书的书名——*Love Without Limits*，即《爱情不设限》。我经常谈到、写到自己小时候及年轻时饱受折磨的担心：因为没有四肢，我担心没有女人会爱上我，没有女人愿意嫁给我；我怀疑自己无法成为一个称职的丈夫和父亲。说实话，在这一点上，那些跟我关系亲近的人也有同样的担心，有些人觉得我绝不可能结婚或有能力经营自己的家庭。

在很长一段时间里，他们的预见似乎一一应验：我在上小学时情窦初开，但少年时的恋情一个个都极其短暂；到了20多岁，我才渐渐积累起自信；27岁之前，我经历过几次恋爱，但都虎头蛇尾、结局不佳，而其中的一次恋情，我是极为当真的。

那个女孩的父母反对我们俩在一起，所以她就跟我分手了，因为她不愿在没有父母祝福的情况下建立家庭。我消沉了，我觉得这个世界上的爱情好像真的是有限制的，至少在我寻找另一半的事情上是如此。尽管有家人和好友的陪伴，我却已经确信——没有女人愿意嫁给我这样一个残缺的男人。

在本书下文中，大家可以看到，我这种想法是完全错误的，大错特错，以至于现在我每次想起失恋后的沮丧、消沉和自惭形秽，我都觉得很羞愧。很多人都觉得我是个乐观、坚强的人，但在爱情这方面，我挣扎了很久才恢复乐观的心态。

的确，我对自己没什么信心，但更可怕的是，我对上帝的信任也不够，不相信他会赐予两个人恒久的爱情。大家若是跟我一样，在等待上帝赐给你一个爱人的时候满心挣扎，那么我不希望你犯同样的错误。大家可能已经知道了，上帝将一位绝好的女人送到了我的身边，她的爱每天都令我震惊不已。如果大家从本书中并未得到很多启迪，那就请大家至少把下面7句话牢记于心，并以此为基本准则。它们是我最想跟大家分享的信念：

1.如果爱情是你渴望的东西，那就不要放弃它，因为上帝是特意将爱的种子种在你心里的。

2.你配得上别人的爱，因为你是我们博爱的天父的子民。

3.总会有一个人爱上你，与你共度余生。

4.和美的婚姻需要两个人相互的、无私的爱，以及两个人共有的、庄严的、恒久的承诺。

5.抚养儿女是对婚姻的检验，还能巩固婚姻，但首先你得把家庭的福祉放在个人利益的前面，相互理解体谅、无条件地彼此支持。

6.婚姻这回事，其实就是把原本以自我为中心的心态改掉，一天天地学会把上帝放在首位，其次是爱人和家庭，自己排在第三。

7.婚姻、家庭和你的家，应该是安全的、充满爱和关怀的、温馨的，它应该是你面对这个世界及艰难困苦时的安全港。

大家要是对上面那些话心存怀疑，需要更多证据的话，那就看看本书的封面照片吧。大家看到的，是我妻子佳苗那美丽的脸庞。正是她让我懂得了“爱情不设限”这个道理。

我的妻子很美，但大家在任何一张照片上看到的她的美，连其真人之美的一半都达不到。我们“完美”的上帝将他“完美”的爱赐予了她，她则将这份爱给了我这样一个“不完美”的人！正是因为这个原因，我才会对“爱情不设限”这个道理毫不怀疑。

话虽如此，要想得到别人的爱，你首先得在主观上明白自己值得别人爱你，而且客观上也做到这一点；你得切切实实领悟到——你配得上“爱”这个美妙的礼物。很多人都不明白下面这个道理：将欲取之，必先予之。它的意思是，你得全心全意地爱一个人，将其需求放在首位。

你得把“我”放在一边，把“我们”放在中心位置。只要能做到毫不保留、全心全意地去爱对方，你们的关系就会变得丰富多彩，你们的爱就会变得强大无比，你的人生也会随之提升到你从未想象过的高度。

现在，我和佳苗仍行走在“白头到老”的路上。事实上，我们才刚刚“上路”而已。我们当然也经历过波折。其实，我并不是——尚不是——一个完美的丈夫，我还在不断地成长、完善。所以，我们夫妻俩绝不敢以婚恋专家自居。本书的写作意图，旨在与大家分享一下我与妻子佳苗的爱情故事，并向大家阐述一下迄今为止我们观察到的、学到的道理和经验——它们有些来自我们所犯的错误，有些来自别人的帮助和指点。

我们写作此书的目的，是给大家启迪，并帮助大家做好心理准备，去寻找一份持久而无限制的爱，寻找那个使你变得完美、愿与你共度美好人生的伴侣。

以下各个章节分别针对婚恋的某一个方面：寻找爱情、定情、结婚之前、结婚、生子，以及在岁月的磨炼中如何升华二人的感情。本书所涉及的话题包括：

· 敞开心扉，做好爱与被爱的准备。

· “不完美”的人同样可以找到“完美”的爱情。

· 爱情的根基要牢固。要做到这一点，就得在恋爱初期建立友情的基础，做到相互尊重、诚实、可信、可靠。

· 在判断某个人是否就是你的那个“他”或“她”时，不仅要听从自己的心声，还要相信上帝的安排。

· 为婚姻定下正确的基调。要做到这一点，在决定结婚、准备求婚时得首先做到以下两步：一是愿意相互奉献、相互支持；二是愿意接纳彼此的家人和朋友（前提是他们有助于促进你们夫妻二人的美好关系）。

· 要想打造一个美好的婚礼日，就得把重心放在两件事上：一是你们彼此的爱；二是你们打算共度的人生。不要去想什么物质、地位或其他不相干的事，这样你们才能打造一段美好的回忆，开启美好的婚后生活。

· 婚前守身如玉，迎接欲望的挑战，享受自制力带来的乐趣。

· 婚姻中要彼此谦让、矢志不渝、细心体谅，而不是把自己的需求放在首位，莫要有不通情理或自私的想法。

· 女方怀孕期间，要适应其身体的变化，享受怀孕带来的快乐，处理它所带来的挑战；从孩子到来的那一刻起，就与之建立持久的亲子纽带。

·随着二人世界变成多口之家，随着因财务、住房、期望值的变化所做的各种调整，在婚后的岁月里不断加深夫妻间的爱。

·接受这样一个现实，那就是：跟所有人一样，随着时间的推移，你的爱人也是会变的；外部环境的改变会带来各种转变，你们会经历多个阶段，要学会用成熟的爱去接受彼此。

·换位思考，相互体谅，而不是反抗或“修补”问题。这样一来，就能用宽容来解决矛盾，用爱战胜怨恨、愤怒和痛苦。

·通过形成家庭惯例、传统或制造共同的经历来保持爱和亲密感，如一起读《圣经》，一起旅游，一起度假，参与家庭活动等。

·在婚姻中要强化彼此的优点，补足彼此的缺点，在信仰和目标的提升过程中平等相待。

·把家建造成一个安全、温馨、和睦、坚固的港湾，在艰难困苦面前，家人及他们的爱就是你的依靠。

有你在，我才完整

我与佳苗之间的感情，以及我们俩与儿子清志之间的感情，似乎每天都在强化。以前我从未想过，我的家庭生活竟然能这么好。自从娶了佳苗，再到2013年2月13日清志出生（正巧是我们结婚一周年后的一天），这个想法就数次出现在我的脑海中。

最近的一次，我远离他们母子，坐在离地面近1万米的商务客机上，他们的爱再次把我淹没。那时，我离家已经33天了，身在回家的路上。我刚刚结束一次为期4个月的环球演讲，其间只是几次回家做短暂的停留。这4个月的长途跋涉，既有收获，又令人疲惫不堪。这次我一共去了26个国家，其中大部分是在亚洲和南美洲的国家。而长时间远离妻儿的苦楚无法用言语表达。

这次旅行的日程排得满满的，中间只有两三次短暂的休整，而其时间之短，刚刚够换上干净的衣服，所以我基本上没有机会跟他们母子联系。

这次旅行中，我为数千人做过演讲，也目睹了上帝不可思议的杰作，但也遇到了一些困难。其中最严重的一次，是在玻利维亚[①]发起了高烧。1周时间里，我浑身酸痛、身子滚烫，那感觉，就像是在澳大利亚内陆地区的土路上被拖行了几千米。尽管如此，我还是将演讲顺利地完成了。

这次旅行收获颇丰，也很艰苦。但是，回家途中，坐在飞往洛杉矶的飞机上，这些苦难并不是令我泪流满面的原因。我不仅仅是想家，而是想佳苗和清志了。我想他们母子都快要想疯了！

一想到又能感受到他们的拥抱和亲吻，我就忍不住抽泣起来。我的护理员格斯就坐在旁边，我不想让他听到我的哭声，于是就把帽子拉下来挡住了脸，假装是在睡觉。但我是瞒不过他的，我很肯定，他只是假装没听见而已，因为我实在憋不住声音，而他也知道

① 玻利维亚，南美洲国家。

我是太想家了。

虽然在旅行中我一直跟佳苗保持着视频联络，但这远远比不上把他们母子拥在怀里、彼此亲近的感觉。我喜欢闻佳苗头发的味道，喜欢闻清志的味道，我爱闻他婴儿的气息！在我这次旅行期间，清志长了第一颗牙齿，也第一次不用人扶就站起来了。我想在他们身边。

我发誓再也不这么长时间远离妻儿了。我不想成为那个爱着上帝却舍弃了家庭的福音传道者。舍弃了家庭，哪怕是赢得了世界，我也是个输家。哪怕佳苗和清志是世界上仅有的两个我能使之幸福的人，我也愿意。我相信，这才是我们家庭生活的重中之重。我想抱着他们，拥紧他们，再也不要离开他们。（哈，这些话怎么像是歌词？我真的为一首描写回家的歌写过歌词。）写这些话的时候，我的脑子里一团乱麻，我都看不到自己在手机屏幕上打了什么字，因为我的眼泪已经模糊了视线。

“我这是怎么了？”我禁不住问自己。

接着，我就找到了答案：我的生活里有太多的爱，没有了他们的爱，我是活不下去的！

当时，我正坐在回家的飞机上，即将与妻儿重聚，而这种生活，我以前常常害怕这辈子都不可能拥有。爱人是天赐之福。孩子的爱是无价之宝。直到这两个美好、可爱的人出现在我的生活里，我才感觉自己是完整的。

寻找没有限制的爱

从19岁开始，我就在世界各地奔波，而我从没有像这次一样因为回家而如此高兴。当然，以前的我只是孤身一人，所谓的回家也不过是在长途跋涉之后回到一个空房子里，索然无味地打开房门，然后陷入一片清冷和沉寂之中。

有些人喜欢独居，也过得有声有色。我对此没有意见，如果你满足于独居的生活，也没什么不对的。但对我而言，我从少年时起，就一直渴盼着有人陪伴，有人爱恋。

当你如此渴盼生命中有一个挚爱的伴侣，却求而不得的时候，其沉痛、空虚之感就可想而知了。我曾听说，每个人的心里都有一个属于上帝的位置，我们遵循上帝的安排，上帝就用他的爱将其填满。我信奉上帝，所以我是圆满的，什么都不缺，但我真的渴盼一个伴侣。有时候，我害怕自己永远都不会过上这种日子。很多年里，我苦苦追寻着想要填补这个空洞，最终我找到了一生的挚爱。

童年的大部分时间里，我都不明白上帝为什么要让我没有四肢而降临人间。后来我明白了，他对我另有安排，他是要我给世人带来鼓舞。从此以后，我的人生有了新的意义。

年轻时，我不明白上帝为什么不赐给我一个心爱的女人，让我与她共度余生。我一次次用情，一次次心碎，最后变得愤怒、焦躁。那时，我并不知道，这些失恋都是我要经历的修炼。只有这样，在我遇见未来的妻子时，在面对她毫无条件的爱时，我才会对这天赐良缘心怀感激和珍视。后来，上帝把佳苗带到了我的身边，我也终于明白，上帝一直是在为我做着准备，准备与她相遇。

LOVE WITHOUT LIMITS

爱情不设限

第二章 突破局限的寻爱之旅

LOVE
WITHOUT LIMITS
爱情不设限

第二章 ^^

缺少四肢的我外表跟常人大不一样，可我对爱的渴望与常人无异，而我突破身体局限的寻爱之旅更是跟其他人没什么两样。

有时候我会想，我的寻爱之旅应该是一场轰轰烈烈的爱情喜剧，可有时候我又会觉得，这件事铁定了是个悲剧。现在，有了妻子佳苗、儿子清志，再回头去看自己曲折的爱情足迹，我感觉到的不是悲哀，而是好笑。

我曾好几次听到某些母亲对女儿说："要找到王子，少不了得吻几只青蛙。"不论是短暂的恋情还是长久的厮守，大多数人都有过被人拒绝和独享孤独的经历。在这一方面，我跟大家是一样的。如果你正在经历这样的过程，我希望在看过我的故事之后，你能振作起来，明白过来——你是值得人爱的。我希望我的故事能给你一些激励，不要放弃梦想，找到那个能与你彼此毫无保留地相爱的人。

我第一次对女孩子动心是在上小学一年级的时候。哈哈，怎么说好呢？我就是个小情圣嘛！大多数人都是抱着严肃的态度追求爱和浪漫的，所以，为情所伤绝不是一件“好玩”的事。尽管如此，我们在此过程中还是会做出一些好笑而疯狂的举动，不是吗？

上七年级时，我送给心仪的女孩一个泰迪熊，但紧接着我们俩就担心彼此的父母会为此担心、生气，所以她也送了我一个泰迪熊，我们对父母说我们只是“互换泰迪熊”而已。

“自嘲”是寻爱过程中的一项极有用的技能。我建议大家都学一学。毕竟，自嘲比傻哭强多了。我有个朋友，他现在过着幸福的婚后生活，他就曾跟我说，他的单身生涯简直是惨不忍睹，因为所有的女孩都像躲瘟神一样对他拒之千里，避之唯恐不及。

如果你的爱被人拒绝（大家都会遇到这种事），一定要记住：遭拒越多，最终找到真爱时的喜悦就越多；在你的爱最终被某人接纳时，此前所经历的挫折会让你真正对这份感情倍加珍惜。

跟大多数男孩和男青年一样，我最初的爱恋也是源于异性相吸，这种神奇的冲动令我们不自觉地对某些女孩心生好感。我一根筋地喜欢着，跟其他男生一样，喜欢的也是漂亮的女生。现在回想起来，那时的我真是有点虚伪——尽管我没有四肢，我还是希望女孩会喜欢我，而我盯着的只是大家眼里的校花。现在想起来，我真的很后悔，因为随着你渐渐长大，你会明白，一个人值得爱的绝非只有外表而已。我认识一些很美的人，他们都没有模特般的相貌和身材，但一旦你了解了他们，他们的美往往令你惊叹。

可问题是，大家往往是以貌取人，不给自己深入了解对方的机会。我认为这是很不对的。对那些想要结识我们的人，我们应该敞开心扉去了解他们。遵循这一原则，你会结识很多朋友，甚至会惊喜地找到心上人。

在你寻觅、渴盼、等待别人爱上你的时候，记得要给别人机会。中国有句古话说得好——“将欲取之，必先予之”，不是吗？这是一种信念。如果你不愿意别人对你以貌取人，那你就也要愿意去深入了解对方才行。

大家往往都不愿去认识那些身体有障碍或看上去“不一样”的人，因为，不知出于什么奇怪的原因，大家都对他们心存成见，将其拒之千里，或者仅仅是害怕跟他们接触。在跟学校的孩子们交流时，我常常会问他们是否愿意跟我做朋友。他们中绝大多数人的回答都是：“愿意！”接着我就会问：“很好，如果你们愿意接纳我—— 一个没有胳膊和腿的人——当朋友，那么，你们为什么不愿意与那些跟你们‘不大一样’的人——人种不同、信仰不同、家庭状况不同或者在精神上身体上有障碍的人——做朋友呢？”

这时，屋子里往往会安静下来。很多次，一些学生和学校管理人员都对我说，在学生们听过我的“课”之后，学校里都会发生改变。我希望的也是如此。我知道被人拒绝和孤立是什么滋味。在成长过程中，我常常因自己没有四肢、离不开轮椅而心生不安。我受过欺负，我也知道，有很多人都躲着我或觉得我是个怪胎。

我对自己也有疑虑，但我从未放弃对爱的追求。我的身体是异样的，但我的感觉跟常人无异，我跟大家有相同的感情需求。我渴望有人相伴，我的心呼唤着有人跟我分享人生，有人可以信赖、可以亲近、可以依靠。

也许是我把少年时的记忆封存了，也许是我选择性地遗忘了，因为我不记得在上学的时候有人因为我没有四肢而直白地把我拒之千里。现在，我知道有些人是这么想的，但是没有说出口，或者他们只是躲着我，所以我一直没有机会接近他们并问他们这个问题。大多数人对我还是很友好的，有几个人还成了我的好友，但我直到快20岁时才有了一个关系固定的恋人。

第一次举办“伤心派对”

青少年的一个明显心理特征就是渴望合群、渴望被人接受，而要想吸引异性，首先得“酷”才行。少年时，谁不想“酷”一些，招人喜欢呢？我太想成为“酷”之一员了，以至于有一段时间，我远离了所有信仰基督教的朋友，假装成坏孩子的样子。我耍酷的方式是满嘴粗话，而我在此之前从未说过粗话。这太差劲了！我可能是粗话史上最蹩脚、最难受的人。最后，我把这毛病改了，因为我觉得太丢人，也丢了父母的脸。幸运的是，我的那些基督徒朋友在我改过自新之后又重新接纳了我。

我跟女孩的关系也曾有过尴尬。我的大多数恋情都是单相思。我曾经暗恋一个女孩3年，但她可能一点都不知情。刚开始，我们只是朋友，因为她有男朋友了。他们分手之后，我就站了出来，表明心迹，想跟她约会。

她拒绝了我，反而跟我的一个朋友好上了。我的感觉是五味杂陈，一方面，我很高兴他们能在一起，另一方面，看到他们在一起，我很难过。我想，我绝不可能有她这样的女朋友了，她太漂亮了，我根本配不上她。

于是，我就打算举办一次伤心聚会，聚会的规模很小，只有我一个人而已。说来有趣，大家都曾有过这样的经历，但真正身在其中时，我们往往觉得自己才是最孤独的那一个，我们都觉得自己的痛苦才是独一无二的。可事实是，哪怕是漂亮的女孩、帅气的男孩，校花校草，他们也都有过被人拒绝的经历，也曾孤独不安。我从未遇到过在青少年时期没长过青春痘、没经历过失恋、没碰过钉子的人，这都是成长、成人的必经之路。当时虽然痛苦，但处理这些麻烦和痛苦能帮助我们变得更通情理、更宽容、更和善。

简而言之，把挫折转化成经验教训才能进步。与其伤痕累累、满心愤恨，不如从中吸取一些积极的东西。

我们都有能力将痛苦的经历转化成好事，只要把它们看作上帝的安排就行了：他是想通过挫折让我们变得更坚强，让我们更信任他的爱和别人的爱。

在失恋中得到

我不知道大家是什么情况，但我可是在爱的摸爬滚打中学到了很多宝贵的经验教训。其实，那都不是什么正儿八经的爱情，不过是些青涩的冲动或单相思罢了。少年时，我也跟大多数人一样，幻想过有一天会结婚成家；每当在收音机里听到情歌，我总会联想自己与某个心仪的女孩在一起的情景。

九年级时，我曾对一位很招人喜欢的女孩暗恋不已。我说要跟她约会，但她拒绝了。其实，她并不是直接拒绝，而是将拒绝的话披上一层华丽的外衣，但是个人都能明白她的意思：“我不能跟你约会，因为我不想毁了我们的友谊。”

被拒之后，我是又心痛又心烦。一连数月，我都没缓过劲来，我就不明白了，跟人约会怎么会“毁了”二人的友谊呢？按我的理解，要是能成为恋人，你们的友谊只会好上加好。是不是这个道理？她的说法根本不合逻辑，但这种说辞往往会在对方不想跟你约会，却又不愿伤害你的感情时出现。

不过还好，至少她的借口不是要洗头发、打扫地下室或是给鹦鹉梳理羽毛！我曾听到的最离奇的拒绝说辞是在上大学时，在我约她出去的时候，她回答说：“我不想要男朋友，我想要的是丈夫！”我知道她说的是真心话，可还是吓了我一跳。而有些人认为她跟别的女孩一样，是在耍花招。

当然，男人也是有花招的。恋爱中的博弈不容小觑，而近年来其难度似乎更大了一些，传统的约会方式似乎已经被人摒弃了。现在的年轻人已经不是两个人接头再相互了解，而是一群人在一起，然后各自结对。这样是轻松了一点，但有些人觉得这种蜻蜓点水的接触方式使得彼此了解的难度更大了。当然，在这种方式下，拒绝一个你不感兴趣的人要容易得多。

跟大家一样，被人拒绝后我也很受伤，但跟大多数人不同的是，除了恋爱时的“正常”的不安全感之外，我还有个身体残疾的负累。

我不记得曾有女孩直言不讳地说她不愿与我恋爱的原因是我没有四肢或坐着轮椅，但毫无疑问，一些女孩是因为我的残障而打消了继续了解我的念头。发型不好可以改，长了青春痘可以治，胖了可以减肥，但对“没有四肢”这件事，我无能为力。而“因为身体残障，所以没有女人愿意了解我、没有女人愿意跟我恋爱”的想法一直萦绕在我的心头。

每个人都有缺陷，我有四个，而这些缺陷又如此显眼。我竭力想成为一个正常人，却无法摆脱跟正常人不同的这个现实。我知道上帝让我以这副样子降临人世自有其安排，却无法赢得女孩们的芳心。我的残障始终是摆在她们面前的一道坎，而且，让她们心生顾虑的不仅仅是我的外表。我知道，有些女孩已经考虑到了一个现实，那就是我连一些基本的生活行为都无法自理，吃饭、喝水都要人伺候。

还有就是大孩子们认为最气派的事——开车，这一点我也做不到。其他同龄人都能开着汽车去接女友看电影、吃饭、去音乐会，而我要出门就必须搭父母或朋友的车。这只是正常青少年顺理成章能做的事，我却无能为力。

我尽量抵抗着残障所带来的打击，但在最消沉的时候，我总想放弃，跑回家，藏到被子里。幸运的是，这种自怨自艾的心态都不长久。我是一个天生乐观的人，此外，我的信仰、我的家人都是我力量的源泉。

在我情窦初开这件事上，我的父母很是纠结。其中一部分原因是他们的保护欲，其他原因则是其传统的信仰在作怪。在他们看来，“约会”这个词的内涵意义不是很好，于是，他们就用“追求”这个词来代替。我曾跟他们解释过，在澳大利亚，男孩子在约女孩出去的时候是绝不会用这个词的，因为女孩子听到之后，一半人会以为你要跟她打网球，另一半人会觉得你是从中世纪穿越过来的。[①]

父亲在我恋爱这件事上尤其担心。多年之后，在我与佳苗结婚之后，他才承认说，他从未想过我可能娶到妻子。十多岁的时候，每当我提起心仪的女孩，他从未表现出什么热情。我想，他那是害怕我受到打击和伤害。

父母绝不是不想让我交朋友。在我消沉的时候，他们不许我将自己隔绝起来，他们鼓励我走出去，让同学们多了解我。此外，在我的成长过程中，除了弟弟、妹妹，我身边还有好几个吵闹的表亲——他们对待我的方式既粗暴又亲密，跟他们相处时没什么不同。在他们的帮助下，我克服了自我怀疑的心态，变得更开朗了。我的性格本不是孤僻厌世的，所以我不喜欢躲着别人，一有机会我就跟人交朋友。

中学的后期，我突破了很多社交障碍，克服了自己的不安全感，我还被同学们推选为学生会主席。可在大多数受人喜欢的女孩眼里，我仍不是建立稳定恋情的理想人选。

这是一个沉痛的教训，但我从中学到了很多东西。最后，我意识到，除了各位校花以外，还有很多女孩值得我去认识和了解。于是，我变得更加开朗，我的朋友圈也越来越大。我发现，我越是能接纳别人，别人也就越能接纳我。

---

① 英文版中，“追求”是用的court一词，有“求爱、求偶、献殷勤、追求”的含义，也有（网球、手球、篮球等）球场的含义。

我的意思不是说要假装喜欢别人或违心与不喜欢的人恋爱。青少年和成年人一样，在恋爱或结婚这两件事上被出身、外表、名气等因素影响，而不是去了解对方的思想、价值观和内心。

我认为，在寻觅爱情的过程中，我们都需要记住一个道理，那就是不要设置那么多的障碍和限制。你要知道，你值得别人爱，同时也要明白，你的人生伴侣不会符合你的完美想象。这么说不是让你“凑合”，而是说你的真爱很可能与想象中大不相同。

躲不开的离别

踏上爱的旅途，你的内心和灵魂就亮了出来，受伤是难免的事。有时候，你觉得对方就是你的“真命天子”或“真命天女”，但对方并不这么认为。大多数人都是在经历了至少一两次失恋之后才到达了目的地，所以你不要太在意。一首首失恋情歌、一篇篇伤心的文字，都不是凭空冒出来的，被情所伤的男男女女把它们谱写出来，是要跟世人分享这一亘古不变的悲痛。

你也一样。在你付出了爱却没有得到回报时，你也会感到背叛、羞辱或伤害，你会因恋情消逝而悲伤。也许，你觉得自己会从此一蹶不振、心如死灰，其实不会的。在真爱降临的时候，你对眼前人的爱只会更多，也更珍惜。我向你保证！

失恋没有那么严重。相信我，我知道。我第一次真正意义上的恋爱是在19岁。我跟她是在美国一个教会夏令营里认识的，澳大利亚的家远在千里之外。我叔叔贝塔认识她的父母，他想让我们俩认识一下。她也来自一个虔诚的基督教家庭。我们俩一见钟情，好像美梦成真一样。

我们俩对这份感情都很当真，先是做朋友，很快就到了无法分离的地步。恋爱专家说，恋人之间的关系，如果以友谊开始，并在同样的兴趣和价值观基础上生根发芽，那么这种恋爱关系往往是最牢固的。我们俩正是如此。我们曾有过很严肃、很深入的交流。我们的关系里并没有性的影响，因为我们都认为应该将其保留到婚后。是的，我们已经讨论过有一天结婚这件事。

我跟他的父母也很亲近。起初，她父亲对我很友好，就像一位父亲一般。我那时来美国，为的是发展自己的事业。我相信，上帝是让我在全世界传播福音的。那时，出于各种原因，我的父母以及教会领袖都反对我的这个想法，虽然我决心已下，但他们的意见令我感到孤独。她父亲是一个志气满满、信仰虔诚的人，他鼓励我把演讲事业坚持下去，把上帝的福音传播到全世界。当时，我还不知道自己会迷恋上他的女儿。

在我去参加教会夏令营之前，有人就逗我说，我会在美国爱上一个姑娘。我对此一笑置之，说我才不要这种麻烦事。我坚持认为，我去参加教会夏令营，那是上帝的指示。其实，我是想忘记所有对伴侣的渴盼，一心扑到全球福音布道的事业上去。没有相思、没有牵挂，应该是很好的一件事。

可是，我却遇到了她。这个信仰虔诚、迷人的姑娘令我头晕目眩。跟她交谈是那么轻松，跟她相处是那么自然。我无法思考，脑子里全是她的身影。与她分别之后，我回到房间里，独自一人，思绪纷乱。

我祈祷道："不，不，上帝，求求你，我现在不能爱上这个女孩。我们两个相隔千里，我还有太多事要做。"有句老话是这么说的："人一做打算，上帝就发笑。"我想，上帝当时一定是边笑边对我说："学学怎么做打算吧，力克·胡哲！"

在祈祷时我对上帝说，我不会去追求这个女孩，但是，如果他想安排我们俩相识，那她就会在夏令营期间来找我。结果，有一天她真的来找我了，很快我们就相互坦露了心迹。跟她相处最棒的就是，我们的交流毫不费力，我们一聊就是好几个小时，中间没有尴尬的沉默，只是轻松流畅的交谈。就这样，三周时间欢快地流过了。

夏令营结束后，我们俩就在朋友家里见面。在离开美国之前，我去了她家里一次。我们整天都是煲电话粥，或是腻在一起。我什么都不想，脑子里全是她，她说她也一样。我为她神魂颠倒，她似乎也迷恋上了我。我跟她说，真希望我能有胳膊、有手，那样就能把她拥在怀里。她则说："没有四肢，你的爱意义更加不凡。"

跟她在一起的时候，犹如身在人间天堂。我们分享彼此的梦想和恐惧，找到了很多共同的兴趣和观点。对她，我掏出了心、坦露了灵魂，我想每一分、每一秒都跟她在一起。我们似乎注定要永远在一起，而相识的短暂时光对我们而言就像一辈子那么长。可突然有一天，毫无缘由地，她对我说："我需要一点空间。眼下，我还没做好爱的准备。"

这不是个好苗头。一个朋友曾对我说，如果一个女孩告诉你她需要一点空间了，你就得一个跟头飞得越远越好，再不回头。我在航空公司的里程奖励可没那么多。[①]尽管很难，我还是尊重她的要求。我退出了。我心痛，但我相信上帝，就让他来决定我俩是分是合。我跟自己说，不论是哪种结果，都是上帝的安排，不是我强求的。爱是不能强求的。

可我并没有告诉上帝，我真的很想跟她在一起。我不想让上帝有所顾虑。

在这个美好的女孩跟我说"想要一点空间"的时候，我不知道她是真的想跟我分手，还是受到了她父母的影响。我的直觉告诉我，她的父亲很喜欢我，但是是作为家人的一个朋友，而不是他女

① 此为作者的玩笑话。

儿的追求者。如果真是这样，她是不可能违背他的意思的。她想让我暂时离开她，于是我就照做了。我知道，如果不是发自真心，你是不可能逼着对方爱你的。我想，若是上帝想让我俩在一起，他会有办法的，所以，我就等着上帝的安排。

我想耐心等待，可我越等，对她的思念就越深；我们分开的时间越久，我对她的爱意就越浓。我猜“距离产生美”这句话还是多少有些道理的。有人曾对我说，这种情愫用民谣唱出来应该是：“你若不离开，我又怎能想你？”

我极不情愿地给了她需要的空间。我对自己说，如果上帝能让她回心转意，我们就注定要在一起。她的心事只有上帝知道。所以，我强忍着对她的思念，尽力保持理智，老老实实做一个基督徒。而我们一起度过的那三周时间，是我这一生中最美好的时光之一。

我曾裹紧自己的心

大家对“相思病”这个词是否熟悉？我就是这个病的代言人。与她分开之后，我度日如年。我无法入睡，因为她的样子总在我的脑海中萦绕。我辗转反侧，请求上帝要么把她还给我，要么干脆把她从我的记忆中抹掉。

大家知道我被相思折磨成什么样了吗？我买了一瓶她最喜欢的香水，将其喷在枕头上，晚上睡觉时将脸埋在里面呼吸着它的味道，有时候白天也这样！

在此之前，我从未对某个人如此强烈地迷恋，而她对我的爱也毫不逊色。这是我从未有过的体验，这是我的初恋，我无法放弃。我的心全都放在了她的身上，我给她写信、写歌，却不让她知道。此后数年，我们一直没有联系，但我从未想过再跟别的女孩约会。

我给了她四年半的空间，然后，借着在她家附近教堂的一次演讲的机会，我得以再次与她见面。那时，我仍对她念念不忘。但这一次，我祈求上帝能赐给我勇气，让我能看着她的眼睛，从中看到友情。真的，友情就足够了。

演讲之前，我去了她家。我们一起看了她在最近一次布道旅行中拍的照片。我一直很钦佩她对孩子的喜爱和对上帝的虔诚。她是个很特别的人。更重要的是，虽然我一直偷偷地把她写在日记里（但从未向她提起）、为她写歌（她从未听到过），但我终于能把她当成朋友了。对我而言，这种心态的转变意义重大。

她来听我的演讲了。演讲结束后，她对我说："看着你站在那里，我意识到，我可能错过了上帝赐给我的最好的福气。"

我惊呆了，无法相信自己的耳朵。

接着，我们坦诚地交流了彼此的心迹，决定秘密地再续前缘。她父亲反对我们俩在一起，但她相信，如果这是上帝的意愿，终有一天，她父亲会回心转意。她对我说，她梦想着我们在一起的将来。

我在外奔波的时候比较多，所以我们俩的联系都是远距离的。就这样，我们又维持了近一年时间。有一天，她父亲看到了她的电话账单，发现她跟身在澳大利亚的我的长途电话费用竟然有数百美元之多。

这一次，她父亲清清楚楚地表明了立场，他反对我们俩交往。我尊重这个年轻女子，我把她当成基督名下的姐妹，我给她最好的祝福。我不想闹得她跟家人不和。在跟她刚刚建立友情时，我跟她父亲比较亲近，而这一点更加重了我的失落感。我把他看作导师，他给我鼓舞。现在，我连他也一起失去了。我在失落中度过了18个月。在那一年半的时间里，若是没有朋友和家人的劝慰和鼓舞，我真不知道自己会做出什么事来。他们很多人都为我的心痛祈祷，为我祈祷。如果没有别人的支持，没有人能渡过生命中的难关。我知道，对家人和朋友来说，听我念叨逝去的恋情绝不是一件舒心的事，但他们还是带着友好和理解站在我的左右，给我支持。在此期间，给了我最大的耐心和帮助的人，有我的牧师团队，还有我的好友安迪、李、阿里、杰克，还有我的叔叔山姆。谢谢你们的祝福和同情。

我对祷告的效力深信不疑，但在那段艰难的时期，我有时候无法从祷告中获得力量。我的朋友们似乎明白这一点，于是，他们就站出来帮助了我。在我支撑不下去的时候，他们给了我依靠。所以，我鼓励大家多与真心好友、多与爱你的家人相处，你对他们不离不弃，他们就与你相守相依。

最后，我终于从失恋中走了出来，也感觉自己成熟了很多，也变得不那么单纯了。我有一些念头，想要放弃爱的想法，专注于我的信仰和事业。很长一段时间里，我都把心裹得严严实实的，把感情埋得深深的，一心扑在工作和旅行演讲上面。

虽然有时候会失去耐心，但我一直在等待着，等着上帝把真命天女带到我的身边。我相信他会这么做，但说实话，在很长很长一段时间里，我都是在孤独和心痛中挣扎。我将自己的这种状态称作“生存模式”，因为很多时候，我觉得自己就像一场大海难的幸存者，孤身一人在茫茫大海里漂泊，盼着有一天能找到陆地或救生艇。

在随后的几年时间里，曾有女人表达过对我的青睐，我也曾为一些女人动心，但我始终相信，如果上帝早已安排好了我的缘分，那么在他让我们俩相遇的时候，我不会感到丝毫怀疑、害怕和不安。怀揣着这个想法，我顿时感到如释重负，也恢复了自信。我相信自己的辨别能力，也相信上帝。

在我的演讲中，我常常会说：“终有一天，上帝会赐给我一个妻子。”在一次演讲过后，一位女听众走上前来对我说：“也许你不能握她的手，但你能抓住她的心。”

她说得真好。

在孤独中成熟心智

上帝若是在你心里放下了什么东西，他一定是有他的用意；他若是从你这里拿走了一些东西，那也是因为他对你有另外的安排。在经历了一段失败的恋情之后，你也许会觉得受到了欺骗、伤害或者对爱死了心，这是可以理解的。我也经历过。

你的这些想法都是合情合理的。反过来说，若是在失恋之后没有失落的感觉，那只能说明你并未用心，对吧？失恋是痛苦的，但要提醒自己——如果上帝在你心里播下了爱的种子，它就一定会生根发芽。

也许你会经历一段孤独和心痛的时期，但它终会过去。利用这段时间总结经验教训，成熟心智，使自己变得更好、更值得别人去爱。不要放弃，跌倒了，爬起来，上帝会将更好的对象带到你的身边。所以，你要强化身体、思想和精神，为这一天做好准备。

我不敢保证你会找到命中的缘分，但上帝可以，他是无所不能的。他会把你的人生补充完整，使你圆满。

你可以不相信我，但不要怀疑上帝。

你若是不信，就继续往下看，看看上帝赐给我一个多么好的伴侣！

LOVE
WITHOUT LIMITS

爱情不设限

第三章

永不放弃的心比钻石更珍贵

回想起来，真的很难相信，我竟然曾经怀疑爱情会降临在我的身上。我常常绝望地认为没有女人会喜欢一个没有四肢的男人，因为他不能握她的手、不能将她拥在怀里、不能抱他们的孩子。

当佳苗在我的生命中出现时，我所有的担心、怀疑、对孤独的恐惧统统消失了，受伤的心也愈合了。在她面带微笑回视我的那一刻，我的人生就永远改变了。

每当我说她是多么完美的时候，佳苗总是出口反对。她性格谦逊，而在我眼中，这一点令她更加完美了。她年轻却充满智慧，这是她经历了艰难的成长历程的结果。她的智慧和谦逊都是磨炼出来的。此外，她性格开朗、有爱心、总为别人着想、毫不自私。

上帝将爱情赐予了我。如果你也渴望找到真爱，它也会降临到你的头上。乍听之下，你可能不相信，我以前也是，所以我希望你能用心读完我和佳苗的故事。这是一个不可思议的爱情故事，它讲述的是一个生来没有四肢的塞尔维亚籍澳大利亚人是如何与一个美丽的日本、墨西哥混血女孩走到一起的。我们俩成长的地方分属两个完全不同的大陆，远隔1万多千米，文化背景有着天壤之别，而这些都没有阻挡住我们俩的缘分。

看了前面的叙述，大家对我的情况已经基本了解了，但是，若想真正明白我们俩的结合所反映的“爱情不设限”的无限可能性，大家还需要听听另一位当事人的故事。下面就请佳苗出场，我知道你们一定会喜欢她的，一定！

千里之外，他听到我的心声

我遇到力克的时候，上帝已经确定——我已经准备好了接受他，我已经做好了爱的准备。那时我已经明白，我想要的男人应该是什么样的，我想要的婚姻是什么样的。此前，我曾有过几段恋情，而初识力克的时候，我是有男朋友的。我以为会跟男朋友步入婚姻的殿堂，可我最终发现，我跟他之间的“纽带”还不够结实。我喜欢他，却不爱他。我对此相当肯定，因为我心里想的不是嫁给他，而是修补他的缺点。这不是一个好兆头。

当上帝把力克放进我的生活里时，我正在寻找这样的一个男人：他虔诚信奉上帝，他会为我的爱而奋斗，他会把我们的感情放在首位。更重要的是，我要寻找的，是上帝为我挑选的人。

我希望有一天能找到一个成熟、虔诚的男人，他会尽力消除我们之间的分歧，而不是任其疯长；我想要的男人，应该勇于担当，在出现矛盾时会首先开口道歉；他会把我放在他人生的首位，正如我会把他放在我人生的首位一样。

我第一次遇见力克，是在达拉斯的一个小型聚会上，那时他要在聚会上做演讲。在此之前，以上想法就在我的脑海中酝酿，而在认识力克几天之后，我就意识到——自己的期盼终于有了结果。（在本书下文中，会有我们相遇那天的情形的详细叙述。）

初次见面，我们只聊了几分钟而已。他说要把他的电子邮箱告诉我，我没有立刻接受，而是说会从我们都认识的一个朋友那里要他的电邮地址。在没有弄清楚现有的那份恋情会是什么结果之前，我不敢贸然开始另一段感情。当时，我跟力克已经互生爱慕之情。我喜欢他英俊的面庞、他的笑容，还有他要用上帝的爱来改变世界的决心。说实话，他没有四肢的事实的确困扰过我，但很快我就将其抛在脑后了。在我看来，他的身体特点跟高个儿、瘦削、褐色皮肤没什么两样，我注意到的是其他的东西。力克有坚强的性格、迷人的笑容，还有能看透我心底的双眼。

当他看着我的时候，我就被他深深吸引住了，此前从未有男人给我这种感觉。

在随后的几个月时间里，我们俩成了朋友，但我们都清楚，这份友情注定要往深处发展。力克经常在外奔波，所以我们大多通过电话或网络联系，虽然如此，我们的交流都是真心实意、发自内心的。我们俩才刚刚认识，却像是从出生就彼此熟识一样。

有一件事我必须得做，那就是先跟另一个男人，即交往了一年多的男朋友正式分手。我们俩曾经谈论过结婚的事，但在我遇到力克之前，我们的关系一直不尴不尬。我突然发现，我想要嫁给他其实是违心之言，因为我心里想的是“我们的婚姻能行得通”而不是“他就是我想要共度余生的人”。他是一个虔诚的基督徒，也是个好人，然而，我们之间总是有矛盾、有隔阂，这让我寝食难安。

曾有一件事在我心中亮起了红灯，真正促使我审视自己的内心，因为这件事使我发现，我们俩的信仰方式甚至世界观都是不同的。

有一天，我给了一个流浪者一点钱，我男朋友立刻就烦了。他说我太好骗，那个人很可能拿着钱去买毒品。这也不是不可能，但在当时的情景下，我愿意给他钱并为他祈祷。

男朋友是个基督徒，但他似乎并不把信仰变成行为、用在别人身上。我曾在流浪人员收容所做过几次志愿者，我曾让他陪我去做志愿者，但他拒绝了。如果他跟我一样了解那些无家可归者的情况，也许他就不会那样苛刻地看待他们、看待我了。

大约一周之后，一天早上，就在我准备出门上班时，我突然想到，上帝是在用这段恋情和这个不合适的男朋友来帮我厘清思路，让我想清楚自己的真命天子到底是什么样子的。接着我想明白了，我的爱人应该跟我一样，彼此关心各自的梦想，对上帝一样虔诚，对恋情以及对婚姻一样矢志不渝。

这种想法我从未说给人听，连力克也不知道。大家也许不相信，但这是真的。后来，我跟力克的交流多了起来。有一天，我刚洗完澡出来，脑子里还带着这些想法，这时我的手机响了。我还裹着浴巾，接起了电话。

是力克。毫无缘由地，他突然开口说道：“要是咱俩能有进展的话，我只想告诉你一件事：对我们的感情，我将奋斗不渝。”

他好像是在千里之外听到了我的心声。

“你为什么说这个？”我问道。我想知道为什么，因为我刚刚向上帝祈求的正是这件事。

力克回答说，他也是刚刚想到，但很想立刻说给我听。

接着我对他说，我一直在跟上帝说，我想要的就是男人会为了我们的爱情奋斗到底。他也无法解释自己怎么会想起说这个，但我觉得，这都是上帝冥冥中的安排。

跟力克通完电话之后，我再也没有了疑虑——跟力克在一起就是上帝的安排。如若不然，两个相隔千里、文化背景截然不同的人怎么会心意相通、一见如故？

不论是在生活中还是在这本书里，我都不敢百分百保证，我无法保证你的寻爱之旅一定会有收获。但是我知道，要是你放弃了爱的希望，你找到爱的概率就会锐减。所以，如果你渴望爱情，那就敞开心扉。即便是你曾跌倒过，也要爬起来，继续前行。

我还知道一件事：如果你是在一个离异的家庭里长大，你可能会心有顾忌，不敢真心信任别人；你也许会对自己能否成为一个称职的伴侣存有疑虑；你也许找不到榜样来学习如何维持婚姻、如何保持爱情的活力。

没关系。如果婚姻是你想要的东西，而你也感觉到上帝要赐予你婚姻，那么就不要让这些疑虑和恐惧妨碍到你。本书及其他很多资源，都能帮助你处理好爱情和婚姻的问题。如果你的家庭里找不到美好婚姻的模范，那就在你的亲戚、朋友、邻居身上找一找。恐婚是正常的。这些疑虑和恐惧能帮你意识到，只有付出努力，才能活得精彩。

即便你们二人彼此相爱，婚姻也是不容易的。如果你曾有过跟兄弟姐妹或室友共同生活的经历，那你一定知道，只要是跟人长时间相处，哪怕对方是你喜欢的人，勺子也总有碰锅沿的时候。你们的意见可能会不合，而不论有意还是无意，你的言行都免不了会惹恼对方。

要想维持婚姻、友情或其他任何人际关系，都需要付出努力。你也许会觉得自己的付出远大于回报，而对方可能也有同样的想法。你得学会宽容，先替别人着想，改正自己的缺点和错误。

要做到这一点，首先就要做到自知。弄明白影响了你的观念和行为的是哪些特质和经历，这一点很有帮助。它能提升你自我了解的程度，而自知是成熟的标志，有了它，你就能更好地处理婚姻中的问题。

离异的家庭

我和力克真的是“有缘千里来相会”，而且，我们的成长、情感历程也很复杂。在演讲中，我丈夫常常会说，他相信，若论成长的艰难，生来没有四肢远不如在离异家庭中长大。是的，那就是我的故事、我的经历。现在的高离婚率，使得离异家庭不那么显眼了，我小时候可不是这样。我并不是想说自己是多么特殊，但出于其他原因，我跟哥哥、姐姐和弟弟在小镇上的确与众不同。

我们一家生活在墨西哥米却肯州（Michoacán）西塔夸罗市（Zitácuaro），是人们口里的“那家子日本人”。我们的家乡位于墨西哥半岛的中心，在墨西哥城以西。这是一个美丽的地方，有山、有湖、有松林，是美国和加拿大数百万帝王蝶的越冬地。米却肯州有一个很美的自然保护区，每年帝王蝶都会到这里过冬。

由于从父亲那里继承了亚洲人的相貌，我们兄弟姐妹在街区里很是显眼。在当地的电话本上，我们是唯一一家姓“宫原”的人。我的父亲名叫宫原清志，是个日本人，他是一家跨国公司的农业工程师，因工作原因来到墨西哥。我的母亲名叫埃斯梅拉达，是墨西哥人，她跟我父亲在同一家公司上班，是个秘书。（我的外婆也是这家公司的秘书。）

这家公司里的日本员工很多，母亲就借机收集了一些日本及别国的邮票和硬币。她还有一条用日本硬币串成的项链。但她不知道这些硬币价值几何，又很害羞，于是外婆就让她去问问我父亲。

于是，他们就一起出去喝了咖啡。他们的关系进展很慢，其中部分原因在于两个人对对方的母语都不怎么擅长。尽管如此，他们还是找到了一些交集，比如父亲也喜欢集邮，他们俩都收集贝壳。

他们俩的事差点吹掉，因为父亲对母亲说，他绝不愿娶墨西哥女人为妻，因为她们太喜欢生孩子。还好，母亲是她家里最大的孩子，从小就帮着大人把弟弟、妹妹看大，受尽了苦和累，所以她最多只愿要两个孩子。当她告诉父亲自己的想法时，父亲长舒了一口气。

（话虽如此，他们到底还是生了4个孩子。真是人算不如天算，对吧？）

母亲的娘家人开始也有些异议，因为父亲的个头不高。我外婆就曾对我父亲说，她不愿自己的外孙、外孙女都长成矬子。不过，他们还是谈妥了。

于是，父母便结婚，成了一家人。接着，我哥哥佳佑出生了，我姐姐佳慧出生了，我出生了，最后是弟弟健治。

父母离婚的时候我刚刚5岁。所以，他们的婚姻对我而言没有什么楷模的意义。我们的童年是两边轮着过。我们的朋友和邻居有很多不知道我们母亲的情况，他们看到父亲及我们的亚洲人外表，就把我们称作“那家子日本人”。其实，我们兄弟姐妹更愿意把自己看作墨西哥人，而不是日本人，因为我们生活在墨西哥，说的是西班牙语。当地人无法区分亚洲人的国籍，于是，很多同学甚至大人都管我们叫“中国人”。

上小学时，我们曾受过一些欺负和取笑，太过火的倒没有。有些孩子会对着我唱一首有关一个迷路的中国小女孩的歌，不过没有什么侮辱的意思。还有一首诗，说的是一个中国女孩的事，内容不是很好，有些孩子会趁我在附近的时候大声背诵，开始我还觉得挺不好受，后来就不往心里去了，“管它呢”。

说实话，绝大多数时间里，身为学校里和小镇上唯一的亚洲人，那感觉也是挺酷的。我交了很多朋友，从未真正感到被人冷落或隔绝。

父亲培养了我的独立性

跟母亲一起生活的时候，就不那么好过了。见到她，我们都很高兴，还以为她会带我们去度假，结果却不是这样。母亲把我们带回家，跟她的新男朋友住在一起，而跟他生活在一个屋檐下并不是什么愉快的事。远离父亲、跟一个陌生男人生活在一起，我们都很别扭。那段日子里，这个古怪家庭里唯一令我们高兴的事是我同母异父的弟弟亚伯拉罕出生了。

我们跟亚伯拉罕的父亲一起生活了几个月的时间。后来，哥哥佳佑在学校里的表现开始出问题，我们才离开了这个家。哥哥一直是一个好学生，他很聪明，我们都叫他“百事通”。他后来考取了医学院，现在是一名内科医生。那时的他对母亲的叛逆心理很重，不愿意跟她一起生活，于是就回到了父亲身边。

接着，我姐姐、我和我弟弟也做出了同样的选择。母亲也同意了，她认为当时的情况下，让我们回到父亲身边是最好的。她知道，仅凭她一个人，是无法提供我们应有的保障的。对此，我们如释重负。

父亲不是那种会对孩子拥抱、亲吻、满嘴说爱的人，但每一天他都以自己的方式表达他的情感和关怀。在墨西哥文化里，大多数父亲都是很外向的人。朋友们的父亲都给他们拥抱和亲吻，我很羡慕，但随着时间的推移，我明白了，父亲其实跟别的父母一样，有其独到的爱的表达方式。每一天，他都给我们做可口的早餐。跟他在一起，我们吃得很好，常常一起旅游，还学习一些习俗，比如谈论茶道。

当然，不是我们要什么，父亲就给什么。我们只有基本的衣服、鞋子、玩具而已，不过他会给我们别的东西当礼物。比如说，他教我们自力更生：他分配任务给我们，我们若是完成得好，就会得到零花钱。

我10岁的时候，父亲开了家小店，做的生意围绕他的兴趣——热带鱼、池塘、植物展开。店里卖的是日本锦鲤、其他淡水鱼和咸水鱼，还有户外植物、仙人掌、兰花。父亲喜欢兰花，他的温室里种了好几百盆。

我们兄弟姐妹都在店里帮忙。我们把各自的销售业绩记录下来，到了“发薪水”的那一天，父亲就按销售额的5%给我们“分红”。父亲在一个农场里租了块地，用于培育植物、饲养鱼苗，我们喜欢跟他去农场玩。我们坐在父亲的皮卡后斗里，后斗上有个罩篷，罩篷中间有个窟窿，我们喜欢把手伸到窟窿外面去。在去农场的路上，每当皮卡从主干道上下来，行驶在土路上的时候，父亲就“发起狂”来，他两边打着方向盘，皮卡在路上蜿蜒前进，我们则在后斗里被甩得左滚右爬。太好玩了！

父亲的幽默感不错，但他对我们的管教也很严厉。他做事丁是丁卯是卯，毫不含糊。如果他说了“不”，那就绝对不会更改。他立下规矩，我们就要服从。比如说，吃饭的时候，只要我们面前的盘子里还有食物，就不许离开饭桌，不仅不许浪费食物，还要卡着时间用餐。要是我们抱怨起来，说已经吃饱了，他就再给我们5分钟时间把食物吃光，否则就会被禁足。

我觉得，跟其他3个孩子相比，我是最让他操心的了。我的性子很倔，小时候挨过四五次打，每次打得我屁股又青又肿，疼得都不敢坐，不过那都是我自找的。我知道要做个好孩子，但在十多岁时，我还是会偷偷溜出家去，跟朋友们抽烟胡混。而在父亲那里，原则就是原则，没有商量的余地。

父亲不许我们到别的孩子家里过夜，也不许让他们在家里留宿。他给我们定下晚上回家的时间，我们稍晚5分钟到家，就会受到严惩。尽管如此，父亲还是很宠爱我们的。他给我们当马骑，还允许我们玩挠痒游戏、在床上蹦来跳去。

爱和宽恕让家人再团聚

后来，父亲被诊断出了白血病。在他返回日本接受治疗的时候，母亲就把亚伯拉罕留在他爸爸那边，她则赶过来照料我们。尽管有了她的帮助，但在大多数时间里，我们还是要靠自己，而我们以前锻炼出来的经营店铺的能力这时就派上了用场。我们经营着父亲的店铺，靠其收入维持生计。那两年时间里，充满了艰难和悲伤。那时我16岁，而家里只有我跟弟弟两个人。我哥哥在另一个城市上学、生活，就在同一年，我姐姐去了美国得克萨斯州一个亲戚家里。在弟弟健治的帮助下，我洗衣做饭、收拾打扫，还在家里经营着父亲的生意。

父亲教会我们太多东西，为我们付出太多。我有一件事特别佩服他，那就是在日本治疗期间，他会定期给我们打电话，并且，病情稍有好转，他就不远千里返回墨西哥来陪我们。每次见到他的时候，他都是精神饱满的样子。他就像个超人一样，不像是个正在接受化疗的人。他常常给我们鼓励，在再次返回日本接受治疗之前，他总是把家里的生意调整到最佳状态。就这样，两年时间过去了，最终，他在日本病逝。当时陪着他的只有哥哥佳佑，因为家里没钱，母亲和我们其余的3个孩子都没能去参加他的葬礼。

姐姐佳慧在得克萨斯州，跟阿姨和她的孩子们生活在一起。阿姨一家人都是基督徒，在跟他们一起生活期间，佳慧也跟他们一起去教堂做礼拜，也信仰了基督教。以前我们也常跟母亲去教堂，但不久之后父母就离婚了。我的精神生活一直原地踏步，没有进展。父亲去世前曾陷入昏迷，佳慧给他写了一封信，让他以耶稣基督为主、为神。这封信是哥哥佳佑读给昏迷中的父亲听的，我们相信他一定在心中做了回应。

后来，我也跟着阿姨一家生活了，也跟他们一起去教堂。慢慢地，我也接受了耶稣基督。父亲去世，母亲远离，我的生活里没有了指引。我悲伤、迷失、空虚，听到上帝的召唤时，我无法拒绝他的爱。

18岁时，我皈依了基督教。在上帝的指引下，我的人生迅速好转。父亲病重期间，母亲早已对基督虔诚无比，随着时间的推移，在爱和宽恕的作用下，我们的关系也弥合了。在我成了基督徒之后，跟母亲的关系又亲近了一些。在我嫁给力克、清志出生之后，我们的关系依然非常和美。

跟母亲关系好转所带来的一个好处，就是有机会跟弟弟亚伯拉罕好好相处了。我们一直把他看作家庭的一员。母亲曾说过，人生中如果犯了错，往往会为之付出沉痛的代价，而她所受的痛苦，最终改善了她与孩子、与上帝的关系。

《圣经》里说："神使万事相辅相成，是为了爱神之人的益处。"母亲现在积极参加教会里的活动，热情地为那些求助的人祈祷。我跟她和好了，所以我和力克跟她的关系很不错。她打趣地叫他"príncipe"，在西班牙语里的意思是"王子"。她还很喜欢力克带着澳大利亚口音费力地说西班牙语的样子，因为听起来非常滑稽。

在上帝的关照下，我们一家非常圆满。

勉强相处与情投意合的天壤之别

在皈依了基督教之后，我对爱情的看法也改变了。我曾有过几次恋爱，但到那时为止，我只是喜欢那些帅气或酷的男孩子，而并不看重他们的性格或信仰。后来，我对上帝越来越虔诚，人越来越成熟，这种观点也发生了改变。

前面提到的那次恋爱经历，在我跟他相处了1年之后，我们俩都开始考虑结婚的事，而他尤其着急，但我发现了一些危险的征兆。他是一个好人，有不少优点，但有些事情总会令我困扰、令我在结婚这件事上犹豫不决。

我跟阿姨及她的孩子们很亲近，但他不太愿意跟他们相处。他最开心的时候，是我们俩单独在一起时。虽说这是可以理解的，但任何一个女孩都想让男朋友或未来的丈夫能跟她的家人融洽相处。阿姨有一次对我说，他并不是上帝愿意让我托付终身的人。我很难过，还为他辩解过，但我心知，我之所以难过，是因为阿姨说中了我的心事。

我本以为我们俩是相爱的，但最后我才明白过来，其实我是被安逸蒙住了双眼。我们已经交往1年了，而在基督徒的恋爱中，没有人会交往这么久，其间要么结婚，要么分手。我们俩也都知道，不能把恋爱的状态维持到两三年。我们到了谈婚论嫁的阶段，我脑子里想的是“下一步就该是结婚了”，心里却怎么也高兴不起来。

我一直在想：能行得通的。这可不是结婚之前的正常想法。我知道激情和浪漫都是短暂的，可这到底是结婚，我想的却是“下一步就该是结婚了”或“能行得通”？！

我觉得，我并不像他爱我那般爱他。我心乱、犹疑，我不断劝自己说，世上没有十全十美的人，人都是会变的。可我还是深深地担心。夜深人静时，我想象自己嫁给他之后的情景，想弄清楚能否与他维持一段长久的婚姻。每次思考这些问题，我都会有很深的疑虑。我知道，大多数人都认为婚姻理应存在一定忧虑。我们得现实一些，明白人无完人这个道理，对吧？要是能像孕检一样，有个婚姻检测就好了。当然，不是用验尿棒啦！（我脸都红了。）

任何人际关系里都免不了有矛盾和误会，关键是怎么解决矛盾和误会。有时候，你们完全能理解对方的立场，意见却仍然无法达成一致。在这种情况下，就需要求同存异，各自保留意见。若是实在放不下，或者问题实在严重，那你们的关系就有问题了。

如果你们不能彼此宽恕、放下分歧、接受彼此的不完美、处理二人之间的问题，那么，在结婚之前，就一定要想清楚。人的确会变，有时是变好，有时是变坏。但是，如果一些关心你的人都觉得这个人跟你并不合适，我劝你至少能把他们的话当回事，在跟这个人结婚之前以长远的眼光慎重考虑考虑。

无论何种形式的虐待——身体虐待、精神虐待、性虐待，只要存在，那就是红色警戒，你需要立刻断绝与这个人的关系。还有毒品、酒精、犯罪，虽然我在恋爱中没遇到过这些问题，但我认为，吸毒、酗酒还有任何形式的犯罪行为都是不能容忍的。话说回来，人是会变的，如果能改过自新，就可以重新成为一个称职的丈夫或妻子。你可以给他们一个改过的机会，但是，在决定跟这个人结婚之前，一定要得到对方的保证才行！

我知道对恋情心存疑虑是什么感觉，我也知道情投意合是什么感觉，二者有着天壤之别。在本书后面的章节里，我和力克将会跟大家分享一下我们恋爱、结婚、生子的经历。我们并非以完美婚姻的模范夫妻自居，也不是什么婚恋专家，我们只是想跟大家分享迄今为止我们在爱情上的经历。此外，我们还想鼓励大家——如果你真心渴盼爱的降临，那就不要放弃！

LOVE
WITHOUT LIMITS

爱情不设限

第四章
别沮丧：听一听自己内心的声音

我是力克。我曾以文字和口头的形式多次提到我与佳苗初逢时的印象和感觉，所以我们想在这一章里让大家看看另一个当事人的叙述。这一定会很有趣，也能给大家寻找各自的完美爱人时提供借鉴。再说了，佳苗可能有很多关于我的好话要说呢，这个机会是一定要给她的，对吧？

前面我已经说过，我第一次遇见力克时，他是到达拉斯市郊为一些朋友和支持者做一个小规模的演讲的。他曾站在他的角度写过和谈过跟我第一次相遇的情景，而我想借这一章的内容来说说我的感受，希望能帮大家弄明白某个人是否就是你的“真命天子”或“真命天女”。

上面这个问题，不论是我还是力克都无法轻易做出回答。我们也想给你一个“精确制导武器”，让你找到完美的缘分，但我们没有，我们能做的只是与大家分享我们的经历，为大家提供意见和建议。我们的主要目的是给大家希望，只要你心中渴盼的是称心如意的婚姻，芸芸众生里就绝对有一个人在等着你。

第一次相遇时，我和力克都没有意识到——原来我们俩当时处在同样的状态，那就是我们都在怀疑自己能否找到真爱。而令我们惊讶的是，真爱就这样降临了！

如果你现在与恋人的关系并不融洽，或者你们彼此的爱并不对等，那么你可能也会有与我们当时同样的感觉。我知道，被情所伤不是什么好事，不过很多人在找到真爱之前都有过心碎的体验。要是找到人生伴侣如此容易的话，那你上幼儿园时第一个喜欢上的人就是你的丈夫或妻子了嘛。其实，相爱并维持多年的婚姻，需要成熟的心理。我想，在爱情中，在真正明白自己想要什么之前，我需要先弄明白自己不想要什么。

遇见力克的时候，我已经成熟了很多，也明白我要嫁的人要有什么样的优点、不能有什么样的缺点。所以，如果你正身处一段并不顺利的恋情之中，不要沮丧，也许它能给你一些经验，帮你找到一个更有缘分的人，甚至可能找到你的完美爱人呢！

爱有风险，但好过苍白生活

在我第一次把目光投向力克的时候，我确确实实感觉到了爱的火花和强烈的吸引力。说实话，我当时是满心惊讶。力克跟大家说的是：2010年的那一天，他在做演讲时，他的目光扫视着听众，接着与我的目光相接，然后逼着自己移开了视线。

我想说的也是这个呀，力克！

我开玩笑呢。不过，说真的，我并没有把视线移开。我不用这么做，因为他是演讲人，而我只是现场众多听众之一，所以我可以肆无忌惮地盯着他看，但他不可以。

我们都感觉到了什么。我不知道那到底是什么。魔力？也许是呢！当然，力克是个很有水平的演讲人，我不知道是不是在场的所有听众都有与我一样的感受。他蓝色的眼睛温柔而美丽，他的澳大利亚口音也不错。他开口说话的时候，要想听清，你就得仔细听，对吧？

我当然知道他没有胳膊、没有腿，可就像大多数跟他接触过的人一样，力克的品格似乎带着魔法。听他开口说话，用不了10分钟，你就会把他身体有障碍这件事全部忘掉。吸引我的不仅仅是他的外表。他谈到了自己的信仰，以及要把信仰散布到全世界的愿望。我被他的陈述打动，对他的献身精神由衷钦佩。

他说他对身体有障碍的人存有慈悲之心，因为他在找到人生目标之前就深知其中的苦楚和挣扎。我则为眼前这个感动人心、拯救灵魂、为世界增光添彩的圣人而感到惊讶不已。

我注意到，他在演讲时眼睛总是朝我瞟过来，但我不知道，这是一位高水平的演讲者在与听众做眼神接触，还是有别的什么意思。后来，力克对我坦白说，当时他简直如坐针毡、左右为难：他想一直注视着我，却怕被在场的观众察觉到他的异样；而他又害怕，如果不看我了，我就会以为他不在乎我！

现在，一说起在那段短暂的演讲过程中暗潮涌动的思绪，我们就会大笑不已。表面上，我们俩都是若无其事，可在我们的心中、脑海中，各种思绪、各种情感纠缠起伏。我有一种从未有过的感觉，不过当时我不知道那是什么。我被他深深吸引，但我忍不住问自己：我到底是怎么想的？吸引我的是什么，他的眼睛、他对工作的热情、他的信仰、他的口音，还是以上全部？

过了20岁之后，爱情似乎就变得复杂多了，对吧？我觉得这是件好事，因为我们变得更成熟了，能从长远看问题，不再那么肤浅冲动了。可我还有个疑问：在经历了一两次失败的恋情之后，人是否会变得越来越敏感、警惕？对自己、对自己的感觉，我们往往会谨慎三思，这是一件好事，但也许是好得过了头。

爱有风险。对此，你要心知肚明，但不应害怕。是的，你可能会受到伤害。不过老话说得好："不入虎穴，焉得虎子？"用英国著名诗人丁尼生的诗句来解释的话，那就是："爱罢缘散终可叹，强如死灰未动心。"

给爱机会

如果你想在某一天把自己的心交给一个人，那就不要把它筑在石墙里。你要做的，是聆听彼此的心声，不要因为害怕受伤而不愿给爱机会。

我和力克刚刚开始彼此熟悉的时候，进展就像是在跳舞：迈一步，退一步，再迈一步，再退一步……不知道接近和后退哪个更安全一些。因为以往的恋爱经历，我们俩都变得十分谨慎。我们都不想伤害对方，同时又要保护好自己的感情。力克一直怀疑自己能否成为一个称职的丈夫，而在一两次掏出真心之后，他也是弄得遍体鳞伤。

我自己的恋爱经历也是起起伏伏。除此之外，我还有个心理阴影，因为我的父母在我很小的时候就离异了。也许你的情况跟我差不多。这种情况现在已经很常见了，真是挺可悲的。我和力克希望我们的故事能帮到你，不是因为我们俩有多么特殊，而是因为跟我们情况相仿的大有人在。如果我们能找到真爱，你也可以。在你寻找真爱的路途中，我们希望能多少给你一些鼓励。不要因为你来自一个离异家庭，或曾有过失败的恋情，就放弃了对爱情和婚姻的信心。若是你觉得害怕、须谨慎，没关系，这都是可以理解的，它们都是你的生存本能。

在尚未了解对方的背景、信仰、性格之前，不要盲目地开始一段恋情。我这么说，不是让你把对方拿显微镜看一看，用测谎仪查一查，没那么严重。不过，我有很多朋友都是仅仅因为外表吸引而踏进爱河，后来却发现彼此并不合适。

我和力克并未立刻建立恋爱关系。现在看来，这真是个明智的选择，因为当时我们都有各自的问题需要解决。我们过了一段时间才开始恋爱，因为我们都十分谨慎，还有一个原因是他总是在外奔波。

在我们第一次见面之后，又发生了一些阴错阳差的事，把整件事弄得更加复杂。现在回头看看，就像是爱情喜剧电影里的情节，可在当时一点都不好玩。

力克是在达拉斯做演讲时认识了我和姐姐佳慧的。之后，塔米（演讲家、作家，也是双方都认识的朋友）就想撮合力克和佳慧（因为她知道我有男朋友）。她给力克发了个短信，问道："你觉得她怎么样？"

力克以为塔米说的是我，于是就回复道："她是我这辈子见过的最美的女人。她把我的魂儿都勾走了！"

塔米以为力克说的是佳慧，而不是我，于是就回复道："很好，她也喜欢你呢！"

因为他们都没有提到姓名，所以，力克就以为塔米说的是我，而不是姐姐佳慧。接着，这位热心的媒人就告诉佳慧说力克想多了解了解她。

力克还让塔米转给我一首诗，可她却以为是力克给佳慧的，于是将情诗给了她！佳慧跟我说这件事的时候，我顿时一头雾水，因为在我们第一次见面的时候，力克跟我要过电子邮箱地址，说要加深彼此的了解。现在，大家知道我陷在怎样一个错综复杂的爱情喜剧里面了吧。佳慧后来说，她并不像我那样对力克动心，但她想，这可能是上帝要撮合他们俩，于是她就觉得应该给力克一个机会。

如果塔米觉得他们俩合适，我就不想妨碍他们了。其实，真正把这件事弄复杂的，是我有男朋友这个事实——虽然我们的恋情不是很顺利，分手是迟早的事。而正因如此，我觉得在佳慧和力克的事上我没有权利多嘴多舌，于是我就置身事外，不发一言。

最后，事情还是水落石出了，不过，当时大家都挺尴尬的。大家也能想象得到，“力克喜欢的到底是姐妹俩中的哪一个”这个问题令我们三个人的关系变得有些微妙，很久之后才真正理顺过来。佳慧也知道力克和我互生情愫，所以在真相大白的时候，她非常大度。我也很为她高兴，因为在我和力克结婚之后，她也找到了真爱并步入了婚姻的殿堂！

动心了，就跟着心走

是谁说爱情很容易的？随着恋爱关系的建立和彼此的深入了解，错综复杂的事和误会就会频频出现。人生就像一团乱麻，爱情亦然，但是，有时候你得为了心中所想而奋斗。身为一名基督徒，在艰难和困惑的时候，我依赖上帝赐予我力量和智慧。我祈祷过很多次，力克也是。

后来力克对我说，他曾一度变得灰心丧气。他很肯定——上帝把我带到他的生命里来，是有目的的，可接着，他就害怕我会与他擦肩而过。他通过塔米把他的电子邮箱地址告诉了我，我却没有给他我的电子邮箱地址。他一直在向上帝祈祷，还问上帝为什么我在跟他第一次相遇之后不给他写信。我不跟他联系，是因为我有男朋友了，而我并没有把这件事告诉力克。接着又出现了另一个困扰，我不知道力克喜欢的是佳慧还是我！全乱套了。

我曾数次请求上帝给我指引，因为我对男朋友有太多疑虑，并且，遇到力克时我体验到了从未有过的感觉。男朋友还在说结婚的事，可我觉得我们俩并不合适。我祈求上帝的帮助，希望他能结束我与男朋友的关系，并给我指示，告诉我力克是否就是我的真命天子。我想，上帝不偏不倚在这个时刻将力克带入我的生命里，是因为我们俩注定要在一起。

可是，怎么才能确定这一点呢？这才是最大的问题。

我想，若是祈求上帝安排天使奏着仙乐护送我的王子骑着白马来到我的身边，那就有点痴人说梦了。很显然，上帝是想让我自己把这个问题搞清楚，但他会给我指引。于是，我便自问了几个常识性的问题，并凭直觉、用心作答：

令你感到心意相通、一见倾心的，不仅是他的外表，还有他的人品和性格吗？

是的！

你认为基督教信仰对你而言非常重要，你觉得他也是如此吗？你们的信仰是否相同？

是的！

你觉得他会喜欢跟你的家人和朋友相处，并获得他们的好感吗？

是的！

你认为他会成为一个贤夫良父吗？

是的！

你觉得，不论人生境遇如何，只要跟他在一起，就会感到幸福吗？

是的！

他身上是否有让你感到不安，甚至紧张或害怕的地方？

没有！

在与男朋友分手、逐渐了解力克之后，我才能毫无顾虑地思考以上所有问题。尽管如此，虽然对他了解尚浅，但我对以上问题的回答都是乐观的。

我知道大家可能会很奇怪，在与力克交往的初期，他没有四肢这个现实对我的想法有什么影响。这个问题挺难回答，因为此前我从未跟身体有障碍的人交往过。我认识的人里，几乎没有坐轮椅的，而生来没有四肢的人更是绝无仅有。

话虽如此，我很难将“残疾”这个词与力克联系起来，因为他很有活力，也很有能力，能自己做很多事，不需要太麻烦别人。在我们的关系进一步深化之前，他没有四肢这个问题并未对我有什么影响。即使在某些用到四肢的地方我比他做得好，我也并未对他的缺陷太过在意。与之相反，吸引我的是他这个人——作为朋友，作为潜在的恋人，甚至作为相守一生的爱人。

力克是一个很坚强的人，他有强烈的使命感和强大的精神力量。他能熟练地处理自己的事务和身体问题，优雅而自然。当然，不管是以前还是现在，他常常需要应对内心的不安和自我怀疑。那时我也一样，其实，大多数人都会有这样的困扰。

以前，我对力克了解不多，我不知道他的布道事业，也不知道他是一个大名人（因为他的励志影像和全球演讲）。我那时一边兼职当保姆，一边学着选修课程备考护理学院。在对力克有了一些了解之后，我到网上看了他的一些视频，然后我就觉得他是个了不起的人，而我什么都不是。

于是，我心底的不安又蹦出来了：为什么像他这样一个成功的名人会喜欢上我？他周游世界，见多识广，而我是一只井底之蛙，我们俩怎么能有共同语言？后来力克对我说，在第一次相遇时、在相遇之后，他同样受到了不安的侵蚀，因为迟迟收不到我的信，他觉得我是把他打入冷宫了！

我们这样自己折磨自己是不是很傻？如果力克和我都认为配不上对方，于是悻悻而退，那样是不是很可惜？人这一辈子能有几次心心相印的邂逅？所以，如果你们俩都是单身、没有男（女）朋友，在这种情况下，我建议你们给爱情一个机会，不要让内心不安和自我怀疑挡住你们建立联系，甚至共赴爱河的路。

自负不是一件好事，可大多数人在单身的时候都会矜持一些。我和力克就有过这样有趣的时刻。开始的时候，我们俩彼此惺惺相惜，却都未捅破那层窗户纸，反而是陌生人帮了大忙！

在第一次相遇，亦即力克在达拉斯做演讲的时候，我们俩时断时续地聊着，每次只有寥寥数语，因为中间不断有朋友和听众来跟他说话。我觉得不该浪费他的时间，就转身离开了，可他立刻又把我叫回去继续聊天。其实我们也说不上几句话，因为现场观众排起了长队要跟他会面。于是，我又回到他身边，在他跟观众交谈的间隙有一搭没一搭地跟他说话。

可是，当天有好几个人在跟力克说完话之后，接着把头转向我，开口问道："你们俩交往多久了？"我们俩都惊呆了。真的，他们真是这么问的！

我们回答说刚刚才认识，可他们不信，有几个人还坚持要给我们俩拍照片（我现在还留着跟力克第一次见面时的合影）。我还记得，在拍照的时候，我心里想的是：哇，如果连外人都能看出来，那我跟力克说不定是真的有缘！

如果你因为喜欢上一个人而感到不安或自我怀疑，你可以去找信得过的朋友，问问他们的意见，同时也要相信你的心。我知道这么做有点吓人，因为当天以及此后的数周时间里，我都是忐忑不安，不知该如何是好。

但是，身为一名基督徒，我有一个秘密武器。我把自己交付给信仰，祈求上帝按照他的意愿给我指引。我认为，我们有时候会迷失在童话或影视剧的情境里（就是"王子和灰姑娘"那种情节），因为心里没底或不知道自己是否够聪明、够漂亮而畏缩不前。

我常常觉得内疚，因为在以前谈恋爱时，我看重的都是对方的外表而不是性格。这是单身男女常犯的一个错误。在恋爱时，你可以以貌取人，但不要要求对方一定长得像明星一样，否则就不跟他（她）交往。我经常听到有人这么说："虽说这个人不是我想要的类型，但我挺喜欢他（她）的。"恋爱不是点菜，不是吗？

如果你觉得动心了，那就跟着心走，别纠结于你对未来丈夫或妻子的预想。我认为，大家都应该去自由书写自己的爱情故事，对吧？上帝也许是想让你以小说和电影里没有的方式去寻找真爱，所以，你要做好心理准备，不要因为你的爱情路线跟别人的不大一样就害怕。你可以祈求上帝的指引。他是爱的化身，不是吗？

一个是墨西哥偏僻小镇上穷人家的女孩，另一个是住在美国加利福尼亚州、周游世界福音布道的澳大利亚籍男子。我觉得，上帝一定是费了很大的劲儿，才让我们俩相遇在达拉斯的演讲会场里。他这么做一定是有原因的，不是吗？

LOVE
WITHOUT LIMITS

爱情不设限

第五章 爱是感觉，更是一种行动

我跟佳苗第一次相遇是在4月，因为巡回演讲的缘故，在此后的3个月时间里，我再没见过她，但我总忍不住想她。在旅途中，我曾给她写了一首诗，托塔米转交。可我不知道塔米牵错了线，把本应交给佳苗的诗交给了她的姐姐佳慧。

这简直就是莎翁戏剧里的情节。在我巡回演讲途中，在牵线搭桥这件事上，阴错阳差的事一个接一个，层出不穷。我心里牵挂的是佳苗，可她一个电话都没给我打，连封邮件都没有。我想，之所以迟迟没有她的音讯，也许是她身上日本人内敛的一面在作怪，于是，我就决定不要那么咄咄逼人，而是播下种子让它自然生长。她从未给过我电子邮箱地址或手机号码，所以我无法与她直接取得联系。佳苗的杳无音讯令我很是困惑，但我不愿找塔米要她的联系方式，因为我不想给她太大压力，也不想直接给她写邮件。于是，我就让塔米帮我转发了几条短信，然后乐呵呵地等着。就这样一直等到7月份，因为一次演讲，我再次回到达拉斯，也再次来到她的身边。

我们一见钟情

每次到这里时，我基本上都是住在我的朋友马克和他的妻子（即我的大媒人塔米）家里。他们夫妻俩是佳苗姐妹的朋友，因为她们俩有时候会帮他们照看孩子。我早已想到佳苗也是他们这个郊区家庭的常客，于是就问佳苗是否也在。他们说佳苗也在他们家做客，刚刚出去骑自行车了——跟男朋友一起。

男朋友？

之前佳苗从未说过男朋友的事，乍听之下，我还以为塔米是在逗我。只听她继续说道："佳慧也在这儿，等着见你呢！"

开什么玩笑？男朋友？她为什么会说佳慧等着见我？

听到她说佳慧，我第一次隐约意识到，我的大媒人可能是牵错了线，她误以为我喜欢的是佳苗的姐姐，而不是佳苗。而到达塔米家之后，我的猜想果然被证实了——塔米一边忙着准备千层面晚饭，一边鼓动着佳慧跟我聊天。

“哎，说正经的，佳苗在哪儿？”我问道，仍然盼着“男朋友”是个玩笑。

“力克，她跟男朋友出去骑自行车了，真的。”塔米答道。

这下我全明白了。塔米想当然地认为我喜欢的是佳慧，因为佳苗已经有男朋友了。这也是情理之中的事，因为直到当天，一直都没有人跟我说过佳苗有男朋友的事情，而我也从未明确表示过喜欢的是这对姐妹花里的哪一个。并且，佳慧当时正是单身，年龄又与我相仿，所以，塔米的误解也是情理之中的事。

我当时的感觉，就像有人在我背上放了一袋子水泥一样，而当佳苗真的跟男朋友一起回来时，我的心情更糟了。我一直盼着见她，可当时我只想找个地缝钻进去。她男朋友上楼去洗澡了，所以我没有与他见面。佳苗给了我一个热情的拥抱，似乎没有注意到我僵冷的双肩。

我心里正为她与人交往而纠结不已。“你有男朋友了？”我问道，尽量掩饰内心的失落，“你们在一起多久了？”

她说他们俩已经交往1年多了。我突然觉得自己好蠢。这么说，跟她第一次相遇，就是我在自作多情。很明显，她那时只是对我表示友好和善意，根本不是什么两情相悦。她早已名花有主了!

我想夺门而出，躲到酒店里，取消在达拉斯的演讲，再订张机票回家。晚饭时，我尴尬不已，坐立不安，可佳苗和佳慧——甚至我心中抵触的那个“男朋友”——都对我很好，于是我想，那就留下来，随遇而安吧。

我竭力调整自己的心态：算了，你配不上她；打起精神来，另做打算吧。

我想，我的调节能力还有待加强。

晚饭过后，我跟塔米及她的孩子们到了娱乐室里，我假装看电视，其实是在黯然神伤。

佳苗的男朋友告辞离开，她也来到娱乐室里。过了一会儿，塔米和孩子们就去睡觉了。我期盼已久的时刻——与梦中女神单独相处——终于来到了，只可惜，我的期盼在一两个小时之前、真正得知她有男朋友之后已经烟消云散了。我想跟她表白，但最终还是决定给自己留点尊严。我既绝望又对她恋恋不舍，却没有注意到她起身离开了椅子，坐到了沙发上。她挨着我坐着，正视着我的双眼。

你这不是折磨我吗？我想。你是这么美，可你一点都不知道我对你的心思。

“力克，我能跟你说点事吗？”她柔柔地问道。

我本想板起脸，可我的心正在迅速融化。我说：“当然，什么事？”

接着，梦中情人向我吐露了她的心事：她的男朋友，还有她对这段恋情的疑虑，她的家人也在为她担心；还有，她已经考虑了好几个月，想跟男朋友好合好散、抽身而出。

她在征求我的意见？

当时，我本应宣称与两位当事人之一存在“利益冲突”，然后回避，但我不想这么做。我爱眼前这个女人，所以我认真聆听她的诉说，竭力表现得像庭审的法官一样平心静气。在她跟我说完想要跟男朋友分手的所有缘故之后，我强压着内心的激动，差点喊出来：“甩了他，跟我在一起吧！我会永远爱你！”与之相反，我尽力表现出镇定自若的样子。

“我理解你的忧虑，这件事确实很麻烦，”我说道，“你应该祈祷，请求上帝帮你做决定。”

此时，佳苗并未向我道谢然后起身离开，她还是紧挨着我坐在沙发上。也许她听到了我咚咚的心跳声，可不知为什么，她开始用那双美丽的黑眼睛温情而热切地看着我。

我受不了了。我必须问清楚——她到底是不是跟我一样，对对方有强烈的感觉，因为我明明感觉到了什么，不会错的。

还没来得及细想，我就听到自己的话已经脱口而出：“我有个问题想要问你：我说‘钟塔’这个词的时候，你会想到什么？”钟塔是达拉斯北部麦金尼市的地标建筑，也是我跟佳苗第一次相遇的浪漫地点。当时，我在那里跟一群朋友和支持者见面并做演讲。那次活动是雷蒙德·金医生安排的，正是他介绍了我跟塔米认识，而正是塔米带着佳苗和佳慧来听我的演讲。

“我们的双眼，”佳苗答道，“你看着我，我看着你，我从未有过那样的感觉。”

哇！我想，她真的对我有感觉！听到这句话，我既激动又失落，于是，我接着问了她那个如芒在背的问题：“你为什么不告诉我你有男朋友了？”

“那个，你没问哪。”她答道。

嗯，说的也是。“可是你为什么不给我发邮件呢？”

“塔米说你喜欢我姐姐，说她令你神魂颠倒。所以我想，你可能是对我没感觉。”

“不，不，”我赶忙解释，“全乱套了，我说的不是她，是你！”

“我？”

“那天，跟我说话最多的人是你；演讲时，吸引了我的目光、拴住我双眼的人是你；我给塔米发短信时提到的也是你！”

我们俩都陷入了恍惚之中，心乱如麻。

佳苗说，她跟我一样，也有了心动的感觉，并且，从那时起，她就祈祷、斋戒，祈求上帝指引她结束与男朋友的关系。

“在你望着我的时候，那种感觉是我从来都没有过的。”她说道。

“当真？”我问道。

接着，我们俩又陷入了沉默，忙着整理各自的思路和情绪。她把心事告诉了我，她说她喜欢我，可她，有男朋友了。

“咱们怎么办？”终于，她开口问道。

虽说跟着感觉走的选择更加诱人，但我还是保持了理智。我很想让她跟男朋友分手，但我不想成为那个拆散他们的人。我还不想伤到她和她姐姐的关系。太复杂了。

“算了。咱们什么都做不了。”我答道，“不管不问，听上帝安排吧。我以前处理过复杂的事，可这事儿太复杂：你有男朋友，而你姐姐以为我喜欢她。”

听到我的回答，她有些吃惊。说实话，我也为自己的回答感到惊讶。我到底在想什么？自我保护的本能又占了上风。我太喜欢面前这个女孩了，可是，如果她决定继续跟男朋友交往下去，我就得保护好我的自尊。

“你该走了。”我说道。

我下面的话说不出口：“因为，你若是再多停留片刻，我就忍不住要吻你了！”

我现在又喜又忧：喜的是，她喜欢我；忧的是，我不能跟她交往，甚至永远都没有这个机会了。我害怕受伤害，我想做“正确的事”，所以，我把对她的感情深深地埋藏起来。

“来，拥抱一下，晚安吧。”我说道，“咱们祈求上帝的帮助。不论心里是什么感觉，咱们都要请上帝把它拿走。”

于是，我们决定祈求上帝的指引，把以后的事交给他来安排。

上帝把我们俩拉到一起，可现实又把我们扯开。我们互道晚安，心事重重，满心压抑。

第二天早上，在我离开之前，我、佳苗和塔米把事情说开了，解释了我喜欢的到底是这姊妹俩里的哪一个。塔米为她的误解向我们道了歉，我们接受了她的道歉。

我跟佳苗告了别，我想，下次再见到她恐怕又是很久之后了。我感到沮丧、失落、无助，心里空落落地离开了。

不完美的我，完美的她

接着，我去做了为期6周的巡回演讲。在此期间，我总是思念着佳苗，但我努力想忘掉这件事，把它抛到脑后。我灰心丧气，我不明白，为什么上帝把我带到一个绝美的花园面前，却又为它设上篱笆——还是好几层！我不想跟佳苗说话。很长时间里，我都不愿再见到她或者塔米。我为佳苗和她男朋友祈祷，还祈求上帝帮我走出阴影、恢复如初。

马克和塔米知道我还会到得克萨斯州来，于是就把家里的车库钥匙给了我，这样我就能到他们家里住了。在这一个半月时间里，我去了一个又一个州，住进一个又一个酒店里，最后返回达拉斯，以一次演讲活动结束整个行程。在认识马克和塔米之前，我一般都是跟别的朋友住在一起，其中就包括我的珠宝商朋友比尔和莱斯利·诺贝尔，或者是麦克·穆尔。这一次，我想住在马克那边，于是就给塔米打了电话。可她出城了。

我太累了，而马克家只有1个小时的车程，而我又有他家的钥匙，于是我就说服了两名同事，直接去了马克和塔米的家。塔米说她也不在家，而我觉得，只要能住在朋友家里，我是不愿意再去住酒店了。上次我跟佳苗见面时，我们交换了手机号码。所以，刚刚离开机场前往马克家时，我就给佳苗发短信问："你在塔米家吗？"

我原以为她会发来"不，我出城去了"这样的短信。

可她回复的却是："在呀。怎么了？"

看到短信，我简直不敢相信自己的眼睛。我咯咯大笑起来，抬头看着天空，说道："上帝，你真厉害。"他知道我没打算遇见她，他还知道我不想住酒店而想住在朋友家里。是他安排的。我想道。对上帝的幽默，我报以一笑，但我并未预期什么事情。我只是想：顺其自然吧。

于是，我回道："我还有10分钟就到。塔米在家吗？"

"什么？你开玩笑呢。"她回道。

"没有，我说真的。"

"马克和孩子们都在家，塔米过几天回来。"

我找到马克的电话号码，给他发了条短信，问他我能不能到他家住。他回复说："当然可以。"

我真的不敢相信。到了之后，我们把车停下，我的护理员把我抱到厨房里一个高脚凳上，接着他们就把行李送上楼去了。这时，佳苗突然出现在厨房里。我从厨房的工作台前探过身子，做了个鬼脸，略带尴尬地说道："惊喜吧！"

她先是大笑，然后一脸笑意地看着我。我压抑已久的感情一下子迸发出来，顿时觉得天旋地转。我们的感觉依然还在，这是毫无疑问的，而且，它变得更强烈了，至少我感觉如此。

我不知道她的男朋友有没有"退出舞台"，我想拥抱她，可我不敢。

但随即我的恐惧就烟消云散了。她走上前来，对我说道："我一直在祈祷。上帝终于赐给我内心的平和，让我跟男朋友分手了。我想找一个能共度一生的人。"

哈里路亚！①

我是不是喊出口了？

也许是的！

佳苗随后解释道，那天，在我动身去做6周的巡回演讲之后，

① 希伯来语，意思是赞美耶和华。"哈里路"在希伯来语中是"赞美"的意思，而"亚"是"耶和华"的简称。口头语中作为"谢天谢地"的感叹词。

她姐姐佳慧告诉她说，她早就注意到佳苗和我之间的情意了。“哎，妹妹，力克好像对你有意思。你要是对他有意的话，那就行动吧。”佳慧鼓励佳苗跟男朋友分手，看看是否会有更好的缘分在等着她。

“我向上帝祈祷，让他告诉我——我对你的感觉是怎样的，是感情的一时冲动，还是他赐给我的地久天长。”在塔米家的厨房里，佳苗如此对我说道，“我不想感情用事。没有确定理由的话，我不敢往前走，所以，我就一直在祈祷。”

上帝回应了她的祈祷，也回应了我！一想到能跟这位美妙、有爱心的女人共度余生，我多年的孤独和伤感一扫而光。谢谢你，上帝。谢谢你赐予我力量，让我没有放弃对爱情的希望。我常常听说，只要你能虔诚祈祷、坚守信仰，上帝就绝不会让你失望。事实上，他赐予你的，会比你祈祷的更好、更多。

有时候，你祈祷什么，上帝就会给你什么，但有时候不是这样。我曾听人说过，有时候上帝不回应你的祈祷，过后反而会赐予你更多福气。这种类型的心愿和祈祷，大都与感情和心情有关。其关键是相信上帝，相信他一定会给你最好的东西。在上帝的安排下，失之东隅，收之桑榆，并且得到的比失去的要好很多。只有在你将所有心愿都听从于上帝的安排时，他才会赐予你完美的结局。我与佳苗的结合就是这样的例子——不完美的我找到了完美的她。

有趣的交流障碍

既然佳苗恢复了“自由身”，所以一有机会，我们就见面或者打电话。我们急切地想要弄清楚两个人相处的可能性。我们对目前的状况很满意，因为我们一直耐心地等到她跟男朋友分手、我与佳慧澄清误会之后才开始交往，这是很可敬的。在此期间，我们建立起了友谊的纽带，而这对爱情是最好的铺垫。我们彼此喜欢，两个人相处得也很愉快。

尽管如此，在交往初期，我们还是小心翼翼。我们俩能在一起不容易，我们都相信这是上帝的安排，所以不想辜负他的苦心。我们想让我们的恋爱关系与上帝的安排相一致。曾有朋友跟我谈论过“传统约会方式的消亡”，我也曾看过相关的新闻报道，似乎现在的年轻人已经不再遵循前几代人传统的约会方式了。

在传统的约会模式中，常常是男方约女方出去吃饭、看电影、打迷你高尔夫、玩保龄球、参加体育活动或其他什么交际活动。而现在的约会方式，是一群男女一起出去，或是相约在某处集合，然后一一结对或“速配”。有人跟我说，现在，在一些社交圈里，男方单独约女方出去会被视作“老土”。我觉得这种变化挺遗憾的。

我不明白现在的年轻人，如果两个人不能单独在一起花时间说说话、分享彼此的人生和兴趣，他们是如何深入了解对方的呢？不过，如果能在群体活动中达到两个人彼此了解的效果，那也是很好的。我觉得，我和佳苗就找到了很好的平衡点，在忙碌的日程安排中谈着恋爱，将交际和独处二者统筹兼顾。

当然，我和佳苗的恋爱也不完全是传统模式。

因为我不是在巡回演讲的途中就是在加利福尼亚州的家里，所以，我跟佳苗常常是两地分隔，大多数交流是通过电话或视频聊天实现的。我们谈哪，谈哪，谈哪，不断分享彼此的经历、想法和心情。

不久之后，我们就发现两个人之间存在一个问题，而这个问题是我们先前没有预料到的：我们俩语言不通！

容我纠正一下：我们说的是同一种语言，但是发音存在差异。这种差异，算不上巴别塔事故①，更像是“塞尔维亚+澳大利亚”vs“日本+墨西哥”的英文摔跤比赛。

在面对面交流时，我们的彼此理解没有什么太大的困难，可在电话里，其难度就骤增了。英语是佳苗的第三语言，她小时候说的主要是西班牙语，她父亲也教了她一点日语。很多人见到她时都会困惑不已：她是亚洲人模样，却说着西班牙口音的英语。我虽然觉

① 出自《圣经·旧约·创世记》，人类联合起来兴建通往天堂的高塔。而为了阻止人类的计划，上帝让人类说不同的语言，使之不能沟通，计划因此失败，人类自此各散东西。

得这样很有魅力，可在交往的初期，我有时候听不懂她在说什么！

佳苗说她喜欢我的澳大利亚口音，可在刚开始交往时，电话那边的她也常常是一头雾水。在巡回演讲期间，我的嗓子劳损得很厉害，在清早和深夜，我说话的声音就像汽车行驶在碎石子路上。这也是我们交流不畅的原因之一。

她常常会让我把刚刚说过的话再重复一下，于是我就一遍遍重复。我能听出来她没听懂我的话，因为她那时会试着换个话题。她也因此而觉得很不好意思。

“佳苗，你要是没听明白，就尽管开口让我重复一下，不要不好意思。”我是这样对她说的，“我是澳大利亚人。人们都说，英语虽然是我们的母语，可从我们嘴里出来就跟外语似的。”

很多时候，我也听不懂她说的话。她有很多英语单词的发音都不准确，比如，在说“touch”这个词的时候，她发的是“toach”的音；所以，在她跟我说“Stay in toach”[①]时，我总觉得是最好玩的事儿了！

她说她喜欢我的“moos-tetch”[②]，很长时间以后我才明白她说的是我鼻子下面那两撇胡须。我最喜欢听的就是她说“贵”这个词时的发音和语法，她说的不是“more expensive”，而是

① Stay in touch. 保持联系。

② mustache，胡须。

“expensiver”。

尽管如此，我并不想纠正她的发音，因为我觉得这种变味的英语很可爱。但是有一天，在我纠正了她某个单词的发音之后，她有些难过，因为我之前从未跟她提过这个问题。

“为什么我第一次这么说的时候你不纠正我呢？”她问道。

“因为我听出来你说的是什么了，我喜欢你的说法。”我答道。

佳苗有理有据地反驳说，她并不是唯一一个“虐待”了英语的人，我也是。是的，我总是滥用动词。我总是分不清时态，还常常说出这样的病句：“Mom and Dad is coming to dinner.[①]”

这其实是遗传来的，我父亲也是这样说话。比如：“Your honor, I plead heredity.[②]”

我父亲和他的父母（即我的祖父母）在一起时，常常会说塞尔维亚语，而每当塞尔维亚语的语法和英语语法混在一起的时候，那就乱成一团了。时不时地，我会不经意间说出“I’m more smarter than I used to be.[③]”这样的大病句，而佳苗总会捧腹大笑。

---

① 应为“Mom and Dad are coming to dinner.”爸妈要过来吃晚饭。

② 应为“Your honor, I plead with you for your heredity.”

③ 应为“I’m much smarter than I used to be.”我比以前聪明多了。

虽然有些古怪，但我们俩对英语的“蹂躏”反而拉近了彼此的距离。每当话语里出现发音错误或语法错误，我们就一起开怀大笑。虽然我们俩出生在不同的大洲，但在适应一个新的国家以及它的语言、习俗这件事上，我们有着相同的经历。

我们都知道“与众不同”是什么感觉。从小，佳苗就在学校、在小镇上很另类，因为她有着亚洲人的相貌和日本人的姓名。我则是因为没有四肢而引人瞩目，这是很明显的事，除此之外还有一个原因，我们家是移民到澳大利亚的塞尔维亚人。父母跟我们说话时只用英语，因为他们初到澳大利亚时曾受到当地人的欺凌甚至殴打，这还是在拥有大量外籍移民的澳大利亚。

我和佳苗都曾因为“外国人”的出身而受到责难和打击，所以，我们从不互相为难。与此相反，正因为有了相同的经历，我们反而有了共同的笑点，也感觉彼此的关系近了很多。

阻挡恋爱的“不安全感”

在扫除了交往初期的困惑和纠缠之后，尽管我与佳苗常常相隔千里，我们的恋爱还是很美妙的。

由于以往的种种经历，我们会把自己层层包裹起来，而恋爱期应该是两个人卸掉包袱、加深了解的时候。与明显的身体障碍所带给我的不安相比，英语说得不标准就是小巫见大巫了。而在长达数小时的交流中，我逐渐得知，佳苗也有自己的不安全感，其原因是以下几个：她是墨西哥住宅区里的“中国女孩”，她父母离异，以及她小时候艰苦的生活条件。

“不安全感”是把双刃剑，它或者会干扰二人的恋爱关系，或者会强化二人之间的感情。为什么这么说呢？我和佳苗有某些相同的不安全感，所以我们能在深层次上彼此理解。如果一方的言行触发了对方的不安全感，加深了对方的压力和焦虑，那么他们的恋情就会受到影响。但是，如果你能理解对方的不安全感和恐惧，并将其缓解，那么你们的关系就会得到提升。

我很快就发现，佳苗很容易就能感知到周围人的情感，她与人共鸣的能力简直出乎想象。很多年以来，我一直在想方设法缓解别人对我没有四肢这件事的不安，我或者开玩笑，或者向他们展示我能独自完成很多事情，但我也有自己的不安全感，而她出于本能地理解了我所敏感的事情。

更令我惊讶的是，她轻松而优雅地融入我们的恋情中，适应了我的身体障碍。她的男朋友坐在轮椅上、无法完成别人不费吹灰之力就能做的事情，而她对此表现得好像这是再自然不过的事一样。每次我跟别人说，佳苗能在我之前知道我身上哪里痒，并给我挠痒，他们都以为我是在开玩笑，其实是真的！

我对她了解越多，对她的经历了解越多，我就越能理解她，越能理解她为什么会变成今天这样。先是父母离异，后是父亲重病，她在很小的年纪就挑起了大人的重担，而她身上的很多品质正源于此。在家里，她就是弟弟健治的依靠。她是一个超级护理员。

令我心生不安的，一是自己没有四肢这件事，二是不知道佳苗是否像我爱她那样深深地爱着我。而佳苗后来告诉我说，她也有感到不安的事。她担心的是，我作为演讲家和福音布道者周游全球，而她还在上学，迷茫于人生的规划。她觉得我见过很多世面，所以担心无法追得上我。

佳苗的原话是这样说的："你是个周游全球的演讲家、传教士，而我的事业还没有开始。"我跟她说，我期盼着能跟她一起旅行，让她分享我的人生和布道事业。我想让她尽量能陪伴在我身边。我觉得，上帝会指引我们前进的方向，有一天，她也能在护理事业上取得成就。

对佳苗而言，还有一个障碍需要克服。我的家人和朋友对我爱护有加，在我单身的日子里，与我亲近的人常常对我谈到的女性、约出去吃饭的女性满是警惕。每次我跟父亲谈到有好感的女孩，或者拿出女孩的照片给他看时，他总会说些泼冷水的话。我常常会很生气，因为他总是说那些女孩不适合我或她们并不爱我。

我问他怎么会知道，他总是回答："我就是知道。"

回顾起来，我得承认，父亲常常是对的。有意思的是，我第一次拿出佳苗的照片给他看的时候，他一句泼冷水的话都没说。

在我认识佳苗之前，因为我所做的演讲——多亏了在YouTube及其他网站上的视频，我也算是个名人了。而因为这些曝光程度，我的父母担心女人接近我是有别的企图。他们并不是认为她们是坏人，但是，的确有女人想要“照料”我、“拯救”我，有些人则是出于侍奉上帝的目的想要嫁给我。

我不想与怀有这种想法的女人交往，我想要的，是一个爱我的女人——这难道不是所有男人的梦想吗？我感觉佳苗会像我期盼的那样爱我，但是说实话，在此之前我犯过很多错误。我曾受过很多伤害，因为我误读了别人的动机，误会了别人对我的感觉，或是没有料到对方的家人会因为担心我们婚后生活的艰难而出面干涉。所以说，我绝非什么婚恋专家，在爱情的道路上，我曾摔过太多跟头。

我的父母很想见见佳苗，这是当然的，我知道，他们一定会在接受她这件事上非常谨慎。我还知道，佳苗的美德一定会很快赢得他们的心。果真如此。一个朋友对我说，在跟佳苗聊了5分钟之后他就知道：这个女人，是力克的绝配。

我的感觉是一样的。事实上，跟佳苗相爱是我这辈子最轻松的事。前进的道路清理完毕，争论、误解、伤害、不安就很少出现了，我们俩立刻成了朋友兼知己。身体的诱惑当然存在，我们俩也曾相偎相依，但我们决定婚前守贞，将其保留到结婚的那一天。在本书后文中，我们将拿出一章的内容详细叙述这个话题。性是恋爱中一个重大的影响因素，而将它暂时剔除之后，你们就能更加专注于别的方面，比如交流、共同的兴趣、建立友情的坚实基础。

当然，选择权在你。我们只是说说我们的经验，我们希望你能做出令上帝感到荣耀的决定。在为爱铺设地基时，我和佳苗找到很多方法在一起相处。不久之后，我就想让她知道，我已经完全做好了准备。我不想当她的朋友，甚至不想当她的男朋友，我爱她，我想要她的爱。我想对她说，我会为我们的爱而奋斗终生。这是我迈出的一大步，我得放下对受伤和被拒的恐惧。

爱的评估

摔倒数次之后，再想爬起来是很难的。我曾很多次告诉自己，没有女朋友或妻子，我反而会过得更好。我把心锁了起来。现在，我要克服被拒的恐惧，把锁打开，再给爱情一次机会。《圣经·约翰一书》里说："完美的爱能除去惧怕。"很多人都将这句话里的"爱"理解为上帝对众生的爱，可我认为，它同样可以用在爱情上面。

两个人之间能有完美的爱吗？要是有的话，什么是完美的爱？《圣经》里就对两个人之间的完美的爱给出了明确的说明，而这个解释似乎已经得到了公认。《哥林多前书》13:4–7里是这样说的："爱是恒久忍耐，又是仁慈；爱是不忌妒；爱是不自夸、不自大；不做不合宜的事，不求自己的益处，不轻易动怒，不计算人的恶，不为不义欢喜，而与真理同乐；凡事包容，凡事相信，凡事盼望，凡事忍耐。"

我和佳苗对这段话尤其珍视，因为我们的朋友盖里·菲尔普斯在我们的婚礼上朗读了这段话，感人肺腑。盖里是一个给人带来鼓舞的人。他对每一个遇到的人说，他患上"唐氏综合征"[①]其实是件好事，因为他"对每个人都充满爱心，绝不会伤害别人"。

盖里的爱就是不设限的爱，你认为呢？我们可以将他作为人生的鼓舞，学会拥抱生命，为他人奉献真挚的爱和关心。

我认为，不论你是否信仰基督，《哥林多前书》里对爱的叙述都是值得借鉴的。它不是什么虚无缥缈的概念，而是可以应用在实际生活中的。在你与人交往，无法肯定二人的关系或不知道是否值得深入交往下去的时候，你可以用上面这段话来评估一下。你可以问一问自己下面所列的问题：

- 你们俩对待彼此有耐心吗？

---

① 又名"先天愚型"。大部分唐氏综合征人士均有轻至中度智障，在适应能力及学习能力上均会有不同程度的发展迟缓。部分唐氏综合征患者青年期以后由于受激素影响，或会引发抑郁症等情绪问题，但总体上均性格开朗、热爱音乐、直率乐观。

· 你们俩对待彼此和善吗?

· 在对方遇到好事的时候，你们会觉得高兴、感激，还是忌妒?

· 你们对待彼此是自夸、表现出优越感，还是觉得受到了对方的尊重和平等相待?

· 你们彼此相待是粗鲁还是体贴?

· 你们会操纵对方达到自己的目的吗? 你们觉得受到了对方的操纵吗?

· 你们之间产生过愤怒吗? 你们是否担心会激起对方的怒火?

· 在意见不一致或一方犯错误的时候，你们是心存积怨、强压怨恨，还是互相体谅、既往不咎?

· 你们是否有相同的道德信念和是非观?

· 你们是否曾经对对方撒谎? 你们是彼此坦诚，还是夸大其词或文过饰非?

· 在交往中，你是否觉得受到了对方的呵护? 是否有安全感? 如果受到外界的骚扰或威胁，你们是否会为对方挺身而出?

· 你们是否无条件地信任对方? 是否愿意把自己的安危、钱物、亲人及最珍贵的物品交到对方手上?

· 在考虑未来时，你们是满怀希望还是忧心忡忡? 你们是乐观激动，还是对未来的生活有所疑虑?

· 你们是否愿意共同迎接生活中的挑战，最终白头到老?

· 在难以独自支撑，甚至两人都束手无策的时候，你们是否会意见一致地听从上天的安排?

如果你正在与人交往或刚刚开始一段恋情，我建议你花点时间看看上面所列的问题，写下每道题的答案。这些问题绝非微不足道，它们能帮你评估一下你们的爱情，看它是否符合“真正持久的爱情”的普世标准。实际上，所有的恋情都会经历曲折，每天的生活中不是只有阳光和蜜糖，困难总会出现。所以，在恋爱期间评估一下你们的感情是非常重要的，这样你才能知道它是以爱情为基础的，还是建立在什么浮夸的东西上面的。

你最好把这些问题记在心里，每年对二人的感情评估一次。之所以这么说，是因为恋情会变，人会变，外界环境会变，如果你们是真心相爱，那么随着关系的成熟、困难的出现，你们可以做出调整，不变的是你们对彼此的承诺，以及对尽力做一个最好的爱人的渴望。

LOVE

WITHOUT LIMITS

爱情不设限

第六章

全世界最懂我的人送的礼物盒

两个人的付出才能让爱流动

在跟喜欢的人交往的最初数天到数月时间里，你也许不愿去分析二人的关系，而是沉浸在爱情的甜蜜之中。但是，慢慢地，你就开始思考下一个阶段的问题，或者考虑对方是否就是你的“人生伴侣”。我们可以将其称作“真的就是他（她）了”阶段。在这段时期，你们的关系或者会更进一层，或者会分道扬镳。就我而言，在这个阶段里，我对佳苗的爱每一秒都在加深。每次跟她在一起时，我都会有新的发现。她是那么迷人、那么亲切、那么细心、那么美丽……我只想注视着她的双眸，时刻都不分离。

是的，我的魂都没了，或者用迪士尼电影《小鹿斑比》里的台词来说，我是“神魂颠倒”了。我和佳苗都很珍视谈恋爱的那段回忆，尤其是其中的欢笑和温馨。我们俩都有种傻傻的幽默感。这是件好事，因为在恋爱时，若是一个傻呵呵的、一个却一本正经，那就糟了。

幸运的是，我们俩相处时都很随意，可以尽情释放自我，怎么疯、怎么傻都没关系。我们为挠痒痒另辟蹊径——下巴上不是有胡子吗，那还用手挠痒痒干什么？还有，交警可能收到过某些司机的投诉，因为我们俩喜欢一边在高速路上开车，一边放着音乐、五音不全地高唱邦乔维的歌。

我们都喜欢户外活动，所以我们约会时常去野餐，湖边、山里、沙滩，到处都留下我们的身影。有一次，我们在一个冷天里去了加利福尼亚州的凡吐拉市，像海滩狂人一样，裹在一张毯子里坐在海边聊哇聊哇，最后累得不行就依偎着睡了一个小时。那感觉太棒了！

那时，我们还处在浪漫期。不管听到别人说什么，我们都会闪烁着眼睛对视一下，接着发出会心的大笑。我不清楚是怎么回事，但无论何时何地，我总觉得爱情鸟落在我们肩上，蝴蝶在我们头上翩翩飞舞。我们尽情享受着那段美好的时光，但很快我们就意识到，最终我们的关系会进入一个更为成熟的阶段，超越迷恋和浪漫，做出郑重的承诺。

我叔叔贝塔是一个虔诚的基督徒，也是我的支持者和导师。他还是一个极其热情开朗的人，不论做什么事，他都热情洋溢。贝塔叔叔长而衷心的祷告和祝福可谓远近闻名，他的拥抱也是尽人皆知。贝塔叔叔拥抱你的时候，你身上的每一块骨头都能感受到他的热情——有时候你会听到它们痛苦的战栗声。曾有人对我说，他们被贝塔叔叔抱得太紧，总以为自己会因缺氧而晕厥。说到这里，我想大家能明白我的意思了：贝塔叔叔做事从不虎头蛇尾。

在我谈恋爱的时候，贝塔叔叔教导我的一个道理是：只是你爱对方是不够的。他说，对方得以同样的方式、同样的程度爱你才行。他将其称作“爱的来往”，因为爱来自天堂，是上帝的恩赐，必须有来有往。这种爱才是真正的没有限制的爱。

他说得很有道理。我想，他那时一定是看出了我的问题：年少无知的时候，我心里想的只是要有个女朋友，却选错了爱情的种类。他说，如果两个人彼此的感觉不在同一条线上，那么你们的爱情就会失衡。而最理想的方式是，恋爱中的男女都把对方的利益放在前面。我知道这听起来像是童话里的爱情故事，要做到天天如此、事事如此也是不可能的，但总体上说，夫妻二人总为对方着想，甚至愿意牺牲自己的需求来满足对方，这是能够做到的。基督徒相信，上帝造出亚当和夏娃的时候，也就创造了婚姻。他的旨意是，夫妻二人会彼此相爱，就像上帝爱着众生一样。在《圣经·以弗所书》中是这么说的：“你们做丈夫的，要爱自己的妻子，就像基督也爱教会，为它舍弃了自己。”

贝塔叔叔也许是害怕我会感情用事、误入歧途。我对爱情、对爱人的渴望是如此强烈，以至于不会要求对方以同样的热度和强度来爱我。而真爱是相互的，两个人都想把最好的东西给对方；他们想让对方在爱情中感到安全和幸福；他们不在意谁付出的多一点、谁得到的少一点；他们知道，爱情不是做生意；他们想的，只是尽可能地与对方长久相伴。

贝塔叔叔对我说："力克，你需要的是这样一个女人：她嘴上说的是爱你，心里想的是爱你，她一直都爱着你。"

贝塔叔叔有7个孩子，其中5个是女儿。他曾给许多年轻人上过"政治课"，教他们如何与异性相处、相爱、结婚。我很同情那些对他的女儿动心的小伙子，因为大家都知道：贝塔叔叔会跟他们单独会面，探测其动机。虽比不上警察的审讯，也绝对是对小伙子的高压、深挖、细剖。对每个有可能成为女婿的人，贝塔叔叔都有一套检测题。他把这几个问题告诉了我。我觉得，对每一对信仰基督的恋人来说，在把二人的关系正式化之前，最好都考虑一下这几个问题：

1.你是否全心全意、毫无保留地爱着上帝?

2.你是否爱这个人，他（她）是否同样爱着你?

3.你想跟这个人生孩子、抚养孩子吗?

4.如果生命里没有这个人，你能受得了吗?

5.在跟这个人结婚之前，你有没有想要与其讨论的重要问题或想要改变的情况?

6.你能发誓与这个人相敬如宾、绝不伤害他（她）吗？

充满智慧的6个问题

共同信仰

第一个问题源于贝塔叔叔虔诚的基督信仰，他正是这样问孩子们的：“你是否全心全意、毫无保留地爱着上帝？”这是他必问的问题，因为他相信基督教的一个教义——婚姻中的男女应该“有相同的信仰”，亦即他们信奉的是同一种宗教，并且是同样虔诚。

婚姻中充满了挑战，贝塔叔叔认为，如果夫妻二人有同样的信仰的话，那么他们在应对这些挑战时就有了优势。而如果他们的信仰不同，或者一个是教徒而另一个是无神论者，那么优势就变成劣势了。

我父亲与贝塔叔叔的观点是一样的。他曾说过，一般而言，男人娶了女人，想的是她们永不会变；女人嫁给男人，盼的是他们有一天会变。可事实往往恰恰相反，大多数男人一辈子死性不改，而女人也极少与刚结婚时一样了。我相信，上帝让两个人结合，这样我们就能在爱里相互扶持、彼此受益。

要想达到一加一大于二的结果，夫妻二人就要有相同的信仰，同心同德，而要做到这一点是很难的。在圣坛上说“我愿意”是一回事，要做到“同心同德”是另一回事，后者是一个困难重重的过程。（这个话题我将在本书第十章里详述。）还好，我们的薄弱之处，上帝会用他的恩宠和智慧为我们补足。

父母教育我说，蜜月期终会过去，要想在婚姻中不断成长，就必须超越肉体的吸引力。事实上，他们教导我说，为了你的爱人，你必须愿意牺牲自己的需求和愿望。为了做到这一点，你需要借助上帝的智慧和力量。而贝塔叔叔之所以问未来的女婿是否信奉上帝，其原因就在于此。他知道，女儿和她未来的丈夫要想克服婚姻和生活中的种种挑战，就需要这种信仰。那些有相同信仰的、虔诚的基督徒夫妇大都明白，他们的需求永远要放在上帝的需求之后，而上帝对他们的安排，一定会比他们自己想象的要好。

刚刚开始交往的时候，佳苗对我说，她觉得在基督信仰方面我更有经验，因为我是在一个基督家庭长大，而她皈依基督教才仅仅6年时间。我对她说，有时候，长大之后皈依了基督教的人才是最虔诚的教徒，因为他们信奉基督完全是出于自己的意愿。那些像我一样出生在基督家庭的孩子，有时候只是随波逐流地说自己信奉基督教，因为我们是由信奉基督的父母抚养长大的。与在家庭影响之外皈依了基督教的人相比，我们的身心投入程度反而不高。

对佳苗的了解越多，看到她如何生活、如何待人接物，我就越对跟她有相同的信仰这件事深信不疑。我甚至向上帝祈祷，希望有她那样纯洁、慈悲的心，我愿意在她的模范和影响下加深我的信仰。

相互的爱

贝塔叔叔的第二个问题是问女儿的：“你是否爱他，他是否同样爱着你？”

这个问题旨在探明，这个小伙子是否真心实意。贝塔叔叔明白，很多年轻男性谈恋爱只是出于对异性肉体的迷恋，而并不考虑恋情朝什么方向发展。我认识一些人，他们一时冲动谈了恋爱、糊里糊涂结了婚，有一天却突然有了疑问：“我真的是要跟这个人共度余生吗？”

这个问题可谓一针见血。它看似很简单，回答个“是”就行了，可果真如此的话，就不会有那么多人离婚了。每一个打算结婚的人都应该拿出时间好好考虑一下，问问自己，你们的关系是建立在彼此相爱的基础上的，还是别的什么肤浅的东西上的，比如对外表的迷恋、肉体的吸引，或仅仅是友情。

成为父母

为了敲敲警钟，贝塔叔叔会问女儿的追求者第三个问题，让他们仔细考虑一下未来、考虑一下经营家庭的事：“你想跟这个人生孩子、抚养孩子吗？”他想让他们想清楚：以后的生活可不仅仅是结婚、两个人相依相伴那么简单，还包括生儿育女。

随着我与佳苗彼此了解的加深，我发现一件特别令人叹服的事，那就是她的母性特别强。由于父母离异，父亲早逝，她很小就挑起了家庭的重担，照料年幼的弟弟。她特别会照顾人，而我也知道，等我们有了孩子，她一定会是一个出色的母亲。

不可分割

贝塔叔叔的第四个问题是问女儿的追求者：“如果生命里没有这个人，你能受得了吗？”这个问题是要进一步探索二人对爱情的用心程度和投入程度。要想与人结婚，就得对他（她）全心全意，而这个问题就是要探测一下，此种层次的情意是否存在。

你当然不愿意跟一个你并不深爱的人结婚，对吧？我希望不是这样。从我遇见佳苗的那一刻起，我就无法想象生命中没有了她是怎样的情景。我想每一天、每一秒都跟她在一起。

交往初期，我们的关系也曾有过起伏波折，似乎永远都不能突破友谊、更进一步。我的心头像压着一块大石头，喘不上气来。我曾对很多女人动过心，甚至觉得我是爱她们的，但这种感觉却是第一次。这绝非外表的吸引，而是，她好像注定要成为我人生的一部分。所以，我很明白贝塔叔叔问女儿追求者这个问题的目的是什么。

打消疑虑

贝塔叔叔问的第五个问题，是关于无条件的爱："在跟这个人结婚之前，你有没有想要与其讨论的重要问题或想要改变的情况？"

如果某个人结婚时想的是——要是对方答应我的某些条件（如"他得买一栋100万美元的婚房"或"他答应我周六下午不看足球赛"等）我就和他结婚，那么婚后他们迟早会有麻烦。如果你或你的恋人对彼此或彼此的家人有什么要求，最好在结婚之前早早提出来，大家商讨一下。结婚誓词里说的是"无论祸福"[①]，而婚后境遇或好或坏，你们要做两手准备，起码做好"不顺心"的准备。你要娶或要嫁的人，是一个有独特品位、欲望、兴趣的人，不是你的克隆版。

---

① 基督教婚礼中的宣誓环节中，新郎和新娘要分别宣誓，誓词为："我以上帝的名义郑重发誓，接受你成为我的妻子（丈夫），从今日起，不论祸福、贵贱、疾病还是健康，都爱你，珍视你，直至死亡。"

远离伤害

贝塔叔叔的最后一个问题是："你发誓与这个人相敬如宾、绝不伤害他（她）吗？"乍看之下，这个问题的回答似乎也是极为肯定的，但在遇到问题时，双方家人所理解的妥善处理方式，也许与新郎、新娘各自的想法很不相同。

在有些人的成长过程中，家庭暴力是家常便饭，这是很可悲的。而这些人（不论是男是女），往往也遗传了家暴倾向，很难戒除——即便他们知道把怒火发到妻子或丈夫身上是不对的。如果你的恋人曾经对你施加暴力，那么，除非你极其肯定以后不会再次发生，否则就绝不要跟此人结婚。一定要万分肯定才行。

结婚、生儿育女的确压力重重，但暴力是绝不允许的。并且，即便是在两个人有误会或意见不一致的时候，也要保持相互的尊重。

互补VS排斥

我和佳苗有时候会跟别的情侣或夫妻会面，比如朋友及其恋人、朋友及其配偶、朋友及其生意伙伴等，而观察这两个人的关系是否和睦总是一件很有趣的事。他们在一起的时间大多比我和佳苗交往的时间要久，所以他们的关系早已过了风花雪月的浪漫期。我们无意对他们的情况品头论足，但通过观察，他们有很多地方值得我们效仿，也有一些不足之处我们要尽量避免。

这一对对的情侣或夫妻里，有些是互补的。我们能看到，他们在爱和情感的影响下感觉更好、想要变得更好。还有一些，则是像两国交战一样！那真是针锋相对、势不两立，太可怕了。在跟别的情侣或夫妻会面时，我们曾见到很多男士对女友或妻子充满了尊重、理解和慈爱，还有些情侣或夫妻，他们除了拌嘴就是互相抱怨，好像是在开审判会或批斗会一样。我可不想跟佳苗变成第二种夫妻，所以我尽量从以上两种情况中吸取经验教训。

我是塞尔维亚籍，其传统是，在两性关系中男方占据主导位置；在其文化中，男方往往说一不二，很少受到质疑。我的家庭即是如此。但我和佳苗很有福气，我们认识很多夫妻，他们给我们树立了另一种榜样：在他们的关系中，男方有什么事都跟女方商量着办，并且常常把女方的需求放在首位。

我很认同这样的观点，男人和女人应该尊重对方的利益，而非试图控制、支配对方。在我们恋爱期间，佳苗在这一点上教会了我很多道理。说起来，她曾做过一件事，而这件事完全俘获了我的心，使我再次相信——她就是我命中注定的人生伴侣。

那次是我过生日。佳苗送给我一件很漂亮、很有型的夹克衫，衣服很轻、很软，因为她知道我的体温比正常人要高一些。我喜欢这件衣服，但说实话，我更喜欢装衣服的那个礼物盒。

我从未告诉她（或别人）——过生日或过圣诞时收到礼物，对我而言是件苦乐参半的事。我知道大多数人都不理解我的意思：因为每次过生日，以及每个圣诞节的早晨，我都得请别人帮我打开礼物盒。

那时总是很尴尬的，尤其是圣诞节时，父母和弟弟、妹妹得把自己的礼物放在一边，先帮我打开礼物盒。我总是因为无法自己拆开礼物盒而沮丧、伤心。所以，大家应该能明白我的感激和敬佩之情了——佳苗是全世界最懂我的人，她送给了我一个能亲自打开的礼物盒。

下面，就请我美妙绝伦、感情细腻、细心周到的妻子来告诉大家此事的来龙去脉。

独特的礼物盒

其实也没什么大不了的，我先是给力克买了件夹克衫，然后就想怎么才能把它包起来、让力克亲自打开。他从没跟我说过想要亲自打开礼物盒的事，不过我知道他喜欢亲自动手做事，所以我就想，要是能让他亲自打开礼物盒，那他一定很开心。

很快，我就想到办法了。弄一个大盒子，把上盖剪掉，再把四个棱剪开，这样它就能散开了。然后我把四个边竖起来，把夹克衫放进去，再用丝带把盒子绑好。这样的话，力克只要用牙齿或脚趾拉开丝带的结扣，盒子的四个边就会分别展开，把里面的礼物呈现出来了。

他过生日那天，我的计划很顺利，礼物盒子顺利打开了，而他也非常激动。他满眼深情地看着我。我知道他会喜欢我送的礼物，但他眼中闪烁着异样的光彩。我想，这里一定有什么隐情。

后来力克告诉我，之前他从没有亲自打开过礼物盒，也告诉了我他请别人帮忙拆礼物时苦乐参半的心情。那时，我全明白了。我的礼物（盒）对他的意义，竟然远远超过我的设想！

生日那天，在佳苗跟我说我可以自己打开礼物时，我对她的感激之情顿时冲上了云霄。接着，我拉开丝带的结扣，她的小发明顺利地展现在我的面前。此刻，对这个女人，我的心底涌起一股爱的巨浪。她竟然能感知到我的心事，并为我设计了如此完美的礼物盒，这是多么不可思议的事情！之前从没有人想到过，没有人知道，能让我亲自打开礼物盒这件事本身就是一件礼物！

我知道，在这件事之前，我就爱着佳苗，但在那一刻，我第一次明白了她对我爱得是多么深。我知道，上帝让我经历了多次失败的恋情，为的就是让我能真正理解并感激他的恩赐——这个迷人的、美妙的女人！

LOVE
WITHOUT LIMITS

爱情不设限

第七章
意料之外的求婚

如果你已经打算求婚了，记着，在你完成了求婚、给她戴上戒指之前，对谁都不要说，真的。我跟很少几个人说过我的打算，我们还秘密地在电话里谈到过，但最终我还是给了佳苗一个惊喜。

这么说吧，我认为，我那精心设计、创意绝伦的求婚计划简直是前无古人，后无来者了（容我自恋一会儿）。我想不用别人帮助，就凭我一个人把求婚做好。而佳苗对此唯一的要求是，希望我求婚的时间和方式能在她的意料之外。

总之，爱情——还有奶油泡芙——天下无敌！

求婚基调

在与大家分享我向佳苗求婚的始末之前，我想先给大家敲个警钟，说说近来一个不好的趋势，那就是把求婚搞得越来越复杂、奢侈，甚至危险。

大家也许知道几个挺出格的求婚。比如说，有个小伙子花钱租了一架改装的波音727飞机，在1万多米的高空，在零重力的状态下向女友求婚。还有一个家伙，他花了1万美元雇了一个剧团，把他的求婚过程弄成了一场跌宕起伏的戏剧。我不知道诸位评论家们会作何感想。

最吓人的一个是那个好莱坞电影《神奇四侠》里霹雳火的替身演员，他把汽油浇在身上，点燃后从高台跳入游泳池中，然后游到另一侧的女友面前，说道："你让我狂热，我想让你知道，我为你着火，为你疯狂。你愿意嫁给我吗？"

我希望他没有烧伤自己。

为了制造求婚和婚礼的美好回忆，创意是很有必要的，但没有必要花掉数千美元或冒着永久性受伤的危险去追求"难忘"的效果。没有必要上演百老汇戏剧，也不要把你的未来妻子吓出心脏病来。

我的建议是，在为求婚做计划时，可以追求浪漫，但不要将其娱乐化，并且越优雅越好。这样，你留给儿女或孙子、孙女的就是一个美妙的故事，而不是吓得他们做噩梦或挥霍掉原本应留给他们的遗产。

大家要把求婚、婚礼与婚姻、生活挂起钩来，定下此后的基调，它们应该是浪漫、优雅、充满欢乐和彼此相爱，不要弄得像个马戏表演。

求婚准备

在计划求婚时，较难处理的一个问题是求婚的时间。我认识一些小伙子，他们在没有做好准备之前就被求婚这件事压得喘不过气了。在不确定是否爱她、是否想跟她共度余生之前，不要贸然求婚。但是反过来说，也不要一直吊着女孩的胃口，让她以为你爱她、想娶她为妻，你却迟迟没有开口做出承诺。对自己要诚实，对女方也要诚实。如果你尚未确定是否娶她，那就实话实说，让她自己决定感情的取舍，不要吊她胃口，也不要误导她。

对婚前守身如玉的基督徒来说，他们往往会在交往1年左右就准备求婚了，在没有了上学深造的想法及经济上没有顾虑之后更是如此。在此，再次警告大家，不要因为“似乎是正确的事”或“时间正好”而订婚。婚姻是一个长期的承诺，只有真正爱这个人、愿与她共度余生时，你才应该做出这个承诺。

在准备迈入婚姻的殿堂之前，还有几个重要的问题需要考虑和商量。对所有准备结婚的男女来说，他们都要面对这样一个现实，那就是婚姻不仅仅是两个人的事，不论是对你个人而言还是对你们两个当事人而言，都是如此。在你跟某个人结婚的时候，你同时会进入对方的家庭、文化和传统之中。除此之外，它还意味着你及爱人必须接受彼此的宗教信仰、政治倾向、经济及其他种种问题。当然，你们不必事事达成一致，但你们必须接受彼此的原则。否则的话，婚后一定会出现矛盾和冲突，影响你们长久的幸福。

讨论各自最在乎的事

在意识到我们会共度余生的时候，我跟佳苗都很激动。在激动的同时我们也知道，在考虑订婚、结婚之前，还有些问题需要认真讨论。这些问题至关重要，但在没有做好心理准备之前，不要逼着自己去讨论它们。不要着急，尽情享受恋爱期的浪漫、欢笑和快乐，同时加深彼此的了解，为相濡以沫、相伴一生做好铺垫。

你们也许感到彼此之间有强烈的吸引力，但要维持婚姻，只有两性之间的吸引力是不够的，你们得真心彼此喜欢才行。从长远来看，情投意合远比两性的吸引力更重要。在婚前咨询期间，我和佳苗与我们的牧师就此做过很多讨论。我们认识很多对夫妻，他们在结婚后才发现两人无法和睦相处。我们认识一个刚刚结婚的女孩，有一天，她给妈妈打电话，问道："我丈夫因为我放果汁机的地方不合心意就小题大做，正常吗？"

这也许只是鸡毛蒜皮的小事，但是，要是你未来的配偶在小事上都斤斤计较、小题大做，要是碰上大事，那还了得？所以，婚前务必确定你们俩是否适合长久相处。然后，如果你们对结婚非常有把握了，再拿出时间认真讨论一下，厘清下面所列的几个重要问题。在讨论以下问题时，一定要以长远的眼光看待它们。比如说，你们对生孩子或生几个孩子的看法可能会随着时间的推移而改变。接受这个现实，但在步入婚姻殿堂之前要达成共识，同时也要明白，这个话题以后可能还会讨论到。如果一个人想的是多子多孙，而另一个想做丁克一族，那么在订婚和结婚之前一定要把这个问题说清楚才行。

需要厘清的重要问题

家人

我跟佳苗很幸运，因为我们跟彼此的父母、兄弟姐妹以及其他亲戚都相处得很好。虽说未来可能会有矛盾出现，但我们的开端不错，都能与对方的亲朋好友和睦相处。在我们俩心中，家人是非常重要的。

我们俩曾见过很多对夫妻过得并不幸福，因为他们处理不好与对方家人的关系。有些婚姻里，尽管存在这样的家庭矛盾，但一样维持下去，甚至发展得很好，但它们多多少少会影响到你与配偶的关系。所以，明智的做法是，在订婚和结婚之前，尽力解决掉所有与对方家人可能存在的问题。最起码，你们俩应该把这些问题摆上桌面好好讨论一下，并拟订相应的处理办法。

与对方家人的矛盾，其长远影响会成为婚姻中的沉重负担。比如说，我认识一对夫妻，他们的婚姻烦恼不断，因为妻子与父母的关系非常亲密，以至于必须住在父母家附近才行。这么做在情理上并无不妥之处，但放在我们现在的社会环境中——年轻男女往往会有工作调动，因工作原因需要不断搬家——大家就能明白它会对二人婚姻产生多么大的压力了。

很多新婚夫妻最大的矛盾往往出现在一个问题上面：在节假日期间，如何安排与各自家人、亲戚相处的时间。你若不信的话，就去问问你认识的夫妻，他们一定会跟你说“要做到皆大欢喜真的太难”。这么说不是让你拿出万年历，把未来50年里所有的节假日都安排好，但你们应该把各自对这件事的想法交流一下。我敢保证，这件事一定会是你们婚姻中的头等问题，所以，提前拟订一个公平的基本原则还是很有必要的。

信仰

在前文中我曾提到过，《圣经》里强烈建议夫妻二人要信仰相同，它说的不仅是两个人要有同样的宗教信仰，还要做到同样的虔诚。我跟佳苗就很幸运，因为我们俩在对基督教的信仰方面是极其相配的。我们也知道我们是非常幸运的。

《圣经》成文的时期，人们大都是一辈子生活在同一个村子里或城镇上，婚姻也是发生在有相同宗教信仰的族群之内，而在当今多样化的世界里，结成夫妻的男女很多都来自五湖四海，信仰各不相同。

信仰不同不要紧，只要彼此尊重各自的宗教信仰，夫妻二人一样能有稳固的婚姻。但在准备结婚之前，一定要把这个问题讨论清楚，因为它会影响到生活里的多个方面。近在眼前的问题里，就包括按哪一方的宗教习俗举办婚礼以及在什么地点（宗教场所）举行婚礼。而从长远来看，与之相关的问题还有：是否同意采取避孕手段（有些宗教是反对避孕的），去什么教堂（寺庙等）参加宗教仪式，有了孩子之后让其信奉父母哪一方的宗教，等等。

随着时间的推移，你们的宗教信仰可能会发生改变，但比较明智的做法是，在结婚之前就把这个问题讨论清楚，达成一致意见，这样才能降低以后因宗教信仰而造成不和的概率。

我和佳苗相信，如果没有上帝，我们就很难维持二人的婚姻，所以，我们把婚姻看作是三个人的结合——上帝和我们俩。就像《圣经》中说的那样：“三股线拧成的绳子不易断。”如果我们的生命中没有上帝，没有他的爱、智慧、耐心、指引、仁慈、恩宠，以及牺牲精神做楷模，我们是活不下去的。对生活和婚姻最好的一件事就是与基督建立一个不断转变的、积极有效的关系。我们与上帝的关系，其开端和结尾都是希望，正是有了这层关系，我们才有了希望和力量，用其支撑我们每一天的婚姻生活。

财务状况

我曾听说，很多夫妻还没有讨论过彼此的财务状况（包括负债情况、贷款情况、信用等级等）就结了婚。虽说这个问题很现实、很无趣，但我还是郑重建议大家，在订婚和结婚之前务必交代清楚各自的经济情况。大多数财务顾问都会提醒你，如果对方欺瞒或拒绝向你提供其详尽的财务信息，一定要拒绝与其订婚或结婚。

有这么严重吗？嗯，恐怕是的。在婚姻矛盾的诱因中，钱总是排在第一位的。与一个负债累累或信用等级很差的人结婚，将会影响你求职、租房、买房。的确，在结婚之后也可以解决以上问题，很多人都协助配偶减少了负债、改善了信用，但在准备结婚前务必把各自的财务状况交代清楚才行。

你的未来丈夫（妻子）有权知道跟你结婚之后会面临什么样的经济问题。大多数财务顾问也都建议，在结婚之前夫妻俩就应该商量好如何处理婚后的财务问题。比如：谁来掌管家里的财政大权，谁负责算账、付账单，婚后两个人是否都需要继续工作来挣钱，如何处理投资和存款，如何为下一代的教育投资做准备，还有，作为夫妻、你们的经济目标是什么……

我认识一些夫妻，他们各自有自己的账户，分担家庭开支。如果你们俩能以这种方式和睦而有效地生活，那也不错，但在订婚和结婚之前，务必要把这个问题商量好，因为它很容易会成为婚后矛盾的导火索。如果对方不愿向你交代其财务状况，你需要弄清楚其中的缘故。此外，你们还需要在“想要什么样的生活方式”以及“能否负担得起”这两件事上达成一致。这些问题是很麻烦的，但是请相信我，越早理清楚越好，后悔药可没得买。

最近，我听说一件事。一个小伙子正考虑向交往了1年的女朋友求婚，却恰好得知她心中所想的婚房是一栋售价100万美元的房子！于是，他犹豫了。虽然刚刚走上社会，但他的工作很好，前程光明，尽管如此，他还是心里没底，不知道能不能给她想要的生活。

我的朋友和亲戚里面，就有因为钱的问题而离了婚的人。这是很可悲的事。在婚姻中，若想建立彼此的信任，在财务问题上赤诚相待是尤为重要的。如果你们俩打算结为夫妻，从此致力于彼此的幸福和成功，那就要做到事事坦诚，在经济方面尤其如此。

以往的情感经历

在我们的关系进入谈婚论嫁的阶段之后，我和佳苗说好了，绝不隐藏任何可能会影响婚姻的秘密。在这个誓言之下，我们俩敞开心扉，坦白了各自的恋爱经历（不论是好是坏）。

我们觉得，作为即将结婚的两个人，坦诚地交代各自的恋爱史是很重要的。首先，经过这样的交流，你们就能明白对方在爱情中想要的是什么、不想要的是什么。其次，如果你们没有交流过彼此恋爱史中的好与坏，没有谈及各自曾受的伤害和遗留的伤疤，那你的婚姻中很可能会再次出现它们的身影。比如说，如果男方以前的女朋友曾背着他跟他的铁哥们有过奸情，那么女方就能明白，男方在这件事上是很敏感的，她同时还明白了为什么他会跟他的铁哥们疏远了。

还有，你们俩都要明白，有些恋爱史的回忆不会立刻浮出水面，有的甚至在婚后都不会想起来，所以，不要在这些事上揪住不放。在牵扯到爱情经历时，很少有人拥有完美的回忆。我和佳苗常常会讨论各自的恋爱史，而在交流了以往失败的恋情之后，我们俩愈发肯定——我们的爱情正是没有限制的爱，经得起时间的考验。

夫妻间的亲昵

在考虑结婚时，就应该为婚后的性生活做好准备。在商量与结婚有关的问题时，你们应该讨论一下对此事的期望，交流各自对这个问题的看法。其中就包括“忠诚问题”，如果你们对此有所担心的话。作为夫妻，你们一定希望对方是一心一意、不会出轨的。

很多夫妻在结婚之前都向婚姻咨询师或有专业知识的神职人员就这个问题进行过咨询，并且受益良多。基督徒夫妻有时候会面临这样一个问题：他们在婚前苦苦守贞，不容易一下子转变观念，接受“婚姻中的性生活是愉悦且无罪的”这种思想。如果你们对此有所担心的话，我建议你们在订婚之前一起找信任的牧师或精神导师交谈一下，两个人在这件事上要达成一致。

在我周游世界的时候，常常遇到一些受到不同形式性虐待的人，男女都有。对大多数人来说，这个话题很难启齿，因为受虐的一方往往觉得丢人或有负罪感，而外人无法理解性虐待所导致的心理、情感、精神和肉体创伤。毋庸置疑，性虐待会给人留下很深的心理阴影。所以，我建议所有存在有关性虐待问题的人，在准备结婚之前一定找人咨询一下。如果婚前不把问题解决掉，它们就会在婚后死灰复燃，破坏你们的婚姻幸福。也许你觉得丢人，不愿跟未来的配偶谈论这个秘密，但是，如果对方是真心爱你，他（她）应该会愿意帮你走出阴影，这样你们的爱情才不会受损。

也许你觉得自己有把握把这件事处理好，或者，你认为能把痛苦深深掩埋，不会再想起它。每个人都有应对创伤的方法，但是，这种创伤是很难完全压制住的，所以我才会建议大家：不论是否打算结婚，都应该就这个问题向心理治疗师、心理健康专家或受过相关培训的神职人员寻求专业指导，这样才能保护自己、保护你们的爱情。在这种情况下，寻求帮助不是什么丢人的事。

大家可以想象一下，如果当初我因为害怕丢脸而不去寻求他人的帮助，我现在的人生会是一副什么模样？所以说，我们需要相互帮助，也需要上帝的帮助。

房间里的大象

“房间里的大象”是个英语成语，指的是明明存在却要回避的敏感问题。这些问题虽然比较忌讳，但在与未来配偶商量结婚事宜的时候，最好对其进行坦诚的讨论。比如说，不同人种的夫妻（恋人）该如何处理双方的朋友、家人以及今后生养孩子的问题。

政治立场也是一个比较敏感的问题。如果她父亲是共和党全国委员会主席，而你父亲是民主党全国委员会主席，这件事在你们俩热恋的时候似乎没什么大不了的，但是，除非你们能够商量好基本的原则，尊重彼此的政治观点，不然政治问题很可能会影响你们的婚姻。有一些夫妻的政治信仰截然不同，但他们能够求同存异，婚姻十分美满。所以，在求婚之前把问题说清楚，这样你们就能放心了：今后的生活里，政治问题不会成为麻烦的导火索。

还有就是我所遇到的问题（很多人都有同样的经历）——患有残障、慢性病或传染病等，这个问题在两人交往初期往往很难开口讨论，但在结婚之前务必要达成一致意见。乔妮·埃里克森·塔达是我的良师益友，她的布道事业专注于帮助残障人士。在谈到、写到自己的残疾和疾病对婚姻的影响时，她是非常坦诚的。

乔妮年轻时就瘫痪了，那时她还没结婚。她丈夫名叫肯·塔达。婚后，他们的情况可谓雪上加霜：乔妮饱受慢性疼痛的折磨，还查出了乳腺癌，而肯也受到抑郁症的困扰。身体残障、慢性病、慢性疼痛、抑郁症一起袭来，简直令人无法招架，自顾尚且不暇，哪还顾得上去支持、照顾配偶呢。就像乔妮所说的那样，当婚姻中面临这样严峻的挑战时，你们的爱要么会变得更加牢固，要么会失去生机。她和肯经历了重重艰难困苦，两人也曾失和，差点分道扬镳，但他们俩苦心经营着他们的婚姻，慢慢熬过了30年，他们的爱也变得更加牢固了。

在准备结婚之前，我和佳苗曾坦诚地谈论过我的残障问题。我对她说了我能够自理的事情以及需要她帮助的事情。我们还讨论了是否要让我的护理员住在家里或者附近，以及她是否愿意单独处理某些问题。

我不想订婚或结婚之后，在碰到与我的残障有关的事情时，她会有措手不及的感觉。所以，我们多次坦诚地长谈了有关我没有四肢所导致的恐惧、担心和不安。我很担心这个问题。我聘请了训练有素的护理员，让他们在旅途上和办公室里照顾我，但我不愿让妻子也干这些活（尽管在家的时候和我们俩单独在一起的时候，她会责无旁贷地给我帮助）。要想把“妻子”和“护理员”分得清清楚楚是很难的，但我总是尽力去克服这个问题。

小时候，我不经意间就把弟弟亚伦当成了我的护理员。我不该那样对他，但他是一个很体贴的人。我们有很多家庭趣事都是有关我指使他做这做那的，现在想起来大家都会捧腹大笑。最难忘的一次是：我自告奋勇要为全家人做早饭，最后却成了我在一边发号施令，亚伦做完了所有的准备和烹饪工作！

跟我弟弟亚伦一样，佳苗也是个体贴的人，但我从不愿意从她的善良里占便宜。我只想确保我们的关系是夫妻、爱人和朋友，不要变了味儿。说实话，在遇到佳苗之前，我根本不知道自己需要什么样的妻子。她是我的完美爱人，她总是毫不犹豫地帮我，从不把我当成负累。

她很高兴能帮我做事，没有丝毫的不情愿。实际上，在她帮我做一些事，比如刮胡子、穿衣服的时候，我们会聊天、分享各自的情感，反而将其变成了加深感情的机会。还有，她给我刮的胡子是最好的！我要再问大家一遍：我妻子是不是很棒？

我们认为将“妻子”和“护理员”的角色区分开来是很有必要的，我们决定将这些想法告诉我们的父母。我们想让他们知道，我们俩对婚姻生活有很现实的期望。

我的父母和亲戚在这件事及其他问题上对佳苗进行了严肃的“拷问”。他们都很喜欢她，但他们还是想确定一下佳苗是否真的做好了与我共度余生的准备。我和佳苗常常会戏谑地回忆起她被我的家人“审讯”的情景。她很愿意分担他们的担心和忧虑，而我也为能成为她的丈夫而更加自豪。

我想跟大家说的是，那天真的挺有意思的。力克的父母问的那些问题，完全来自与我不同的视角（这是当然的）。现在，我能理解他们经历了怎样的艰难困苦才把力克养大成人，并将他培养成今天这样。我也常常会思考，他们在养育他、帮他获得一个美好的人生的过程中所付出的努力和心血。

第一次遇见力克的时候，我并不在乎他没有四肢。我不觉得他脆弱或有缺陷，我钦佩他，继而爱上了他。现在也一样！所以，那天他们问我为什么会爱上力克，问我是否意识到跟他结婚之后会面临什么样的困难时，我就尽力去跟他们解释我对力克的感觉和爱。说实话，当时，我心里想的是：不是吧，伙计们？力克可不是个废人，他很有本事的，你们难道看不出来？

面对我父母的问题，佳苗的回答并未出乎我的意料，因为她就是这样一个体贴、有爱心的人。第一次遇见她的时候，我就本能地感觉到了她的这些美德。在我们交往期间，她慈悲的心肠曾数次令我惊叹。她跟我父母说，即使我们会生下5个孩子，个个都跟我一样，她也会像爱我一样爱他们。她还说，即使如此也不是什么坏事，因为孩子们会有一个现成的榜样可以学习。

父母是爱我的，这一点毋庸置疑，所以，能看到佳苗对我的真情，对他们来说是一段美好的经历。佳苗的爱是那么自然，我总不敢相信我竟然能有这样的妻子去爱、去珍惜。比如说，刚开始交往的时候，有一次，我脊梁骨的某个位置有点痒，我没办法将后背抵在硬物上面摩擦解痒，只好向佳苗求助："你能帮我挠挠后背吗？我够不着。对不起。"

佳苗双手捧起我的脸，专注地看着我的眼睛，说道："不要因为给你挠背或帮你做别的什么事就向我道歉！那都是我应该做的。"

从那时起，我对佳苗能否应对我身体障碍这个问题再没有了顾虑。

文化差异

在准备求婚之前，还有几个重要的问题需要考虑。比如说，在一些文化和家庭里，其传统是先要征得女方父亲的同意，然后才能向他的女儿求婚。

朋友们，我不是说你一定要这么做，其决定权在你。但是，如果女方家庭希望遵循传统和文化习俗，那么你最好是按他们的规矩办，以示尊重。在求婚之前，你可以去咨询一下女方的家长、兄弟或从与女方一家关系较近的人那里打听一下女方家里是什么传统，甚至可以向她家的诸位夫婿请教一下他们当初是如何求婚的。看他们的反应，能帮你弄明白他们对此事的期待是怎样的。在计划求婚、婚礼及婚后生活时，能把传统记在心里总是很好的。

比如说，在大多数基督教家庭里，从女方父亲、族长或最近的男性血亲那里得到祝福，往往被当作对他们的感谢——这个人此前一直是你妻子的卫士，而这个角色会在成婚之后转移到你的身上。

佳苗的文化背景比较复杂，因为她父亲是日本人，而母亲是墨西哥人，这是两种截然不同且非常复杂的文化。在我与佳苗正式交往之前，我就请求她的母亲给我们祝福。后来，我又收到了我父母的祝福。因为她父亲已经过世，我就决定向她哥哥佳佑求亲，并请求他的祝福。而向佳佑求亲这件事令我很是紧张。他是个好人，但他有很强的保护欲，他们一家经历了太多风雨，所以他觉得有责任保护母亲和妹妹。我刚刚开始跟佳苗交往时，就认识了佳佑，我非常尊敬他。

我跟佳佑约好在休斯敦会面，因为我在那里正好有个演讲。我跟他说了我对佳苗的爱，还说希望他同意我娶佳苗为妻。佳佑说他相信我是个好人，还说他觉得我很成熟、有责任心，他相信我会对佳苗很好。我知道他担心我在外奔波太多，也知道这件事对他妹妹意味着什么。于是，我向他保证，我出差时尽量会把佳苗带在身边，而且，有了孩子之后我会减少外出的次数。

很多男士在这件事上都犯了错：他们不能站在女方家人的角度看待二人的关系。女方的家人希望她能得到丈夫的爱、尊重、保护、供养和重视，而很多家庭对此怀有很高的期待，所以，最好提前把这件事弄清楚。

身为一名基督徒，在跟佳苗交往的时候，我时刻铭记于心的是：首先，她是上帝的儿女，理应得到尊重；其次，她还是她母亲的女儿，是她家人的表妹、侄女、外孙女……他们一辈子都爱着、关怀着你的妻子，所以，在进入这个大家庭的时候，你应该对他们、对他们的爱心存感激。

乔尔·欧斯汀的莱克伍德教堂是美国最大的教堂之一，我当时在那里有个演讲，于是我就跟佳佑约好在演讲之前会面，谈谈求亲的事。佳苗的家人大都要来听我演讲，所以我更紧张了——这也是我对后面一时口误的借口。

演讲中，我口若悬河，进展得很是顺利，可还没来得及细想，有一段话就脱口而出了（这段话是我在认识佳苗之前经常在演讲中说到的）。当时，我正说到人生中渴盼的好福气，我的台词是：“我还不知道未来的妻子会是谁……”

话刚出口，我就在人群中看到了佳苗、佳佑、她母亲和姐姐，还有其他一些亲戚。我感觉糟透了，因为演讲之前我刚刚向佳佑求了亲。但是，我还没给佳苗订婚戒指，我们也尚未公开结婚计划，所以观众并不知情，也不知道这句话是不妥当的，可我担心佳苗和她的家人误以为我有点混账。演讲结束后，我们一起去吃饭，我向大家道了歉。他们都笑了，并表示理解，说那只是我一时口误。我这才如释重负，并心怀感激，因为他们明白我那只是表达失误而已。

摆正心态

跟大多数单身已久的小伙子一样，一旦决定结婚了，我就要小心地扩宽思路。一旦决定成家过日子，你要考虑的就不仅仅是自己的事，而要把你妻子、把所有会被你的决定和行为影响到的人考虑在内。

在考虑求婚时，你首先要想到的，是要为妻子打造一个余生里都会珍惜的美好回忆。我有几个朋友就没把它当回事，有些人只是在树林里散步或一起参加体育活动时草草地求了婚。这种做法可不好。从那一刻起，他们的妻子就总会在他们耳边抱怨，说他们是多么不用心、多么不懂浪漫！大家可别犯这种错误。

在求婚时，同样要考虑到未来妻子的想法，想一想两人都喜欢的事、喜欢去的地方、喜欢的音乐等。把两个人共同的兴趣爱好融到求婚过程中，同时尽量构思出一点惊喜，这样才能打造出最美好的回忆。

我们的求婚故事

佳苗不知从哪里得知我买了一枚订婚戒指，所以，她知道不久之后我就会向她求婚。我知道她知道了，而我们都假装她不知道。是不是很复杂？在这种情况下，要想给她一个惊喜就有难度了。她已经知道我就要向她求婚了，但她不知道我会在何时、何地、以何种方式向她求婚，对吧？

于是，我就开始布置。前面我忘了说，我只有两三天的时间把一切安排好。我的出差行程安排得简直能把人逼死，所以，求婚这件事就变得时间紧、任务重。首先，我要把佳苗和她母亲从她们所在的达拉斯接到我及父母所在的加利福尼亚州。我想让她母亲在场，这样她就能跟我父母见见面，也能在我求婚之后跟大家一起庆祝。我得编个借口让她们坐飞机过来。

佳苗知道我父母刚刚从澳大利亚搬到加利福尼亚州定居，为的是能跟我住得近一点。于是，我跟佳苗说，我要坐飞机接她们俩过来参加父母的乔迁喜宴。其实，我的计划是把两家人都聚在一起，而我打算在星期六求婚，这样大家就能在周末庆祝一下。那么，我怎么才能把求婚变成给佳苗的惊喜呢？我们俩曾谈过，说下周三是我们在钟塔认识一周年的日子。所以，我给了佳苗一个假的暗示，意思是她跟她母亲周三到达拉斯麦金尼市来，我们俩就去钟塔度过一个浪漫的周年纪念。我知道，她很可能以为我会在那时向她求婚，而我就由着她这么想。

怎么样，我很有心计吧？

佳苗果然上当了。她跟家人说，要是我周三在钟塔向她求婚，她就会装出惊喜的样子。现在，我需要做的就是布置好周六的求婚事宜。我一直很擅长制造惊喜，但这一次的难度确实大了些。我不想露出丝毫马脚，必须达到令她措手不及的效果。接着，我想起来，我们俩都喜欢钓鱼，所以我想，我可以约她到我们家附近的湖上去钓鱼，可以把订婚戒指放在鱼肚子里，然后让一个潜水员把鱼挂在她的鱼钩上。可是这个计划风险很大，要是那条鱼挣脱鱼钩跑了怎么办？此外，谁愿意戴一个刚从鱼肚子里掏出来的戒指呢？

奶油泡芙的秘密

还有一个问题，那就是怎么把戒指戴到她的手上。因为没有双手，我无法从口袋里掏出戒指，并将其戴到她的手指上去。这时，我想到了一样东西，那就是奶油泡芙。[1]在加利福尼亚州我的办公室附近，有一个面包店，我们俩都喜欢吃那里做的奶油泡芙。于是，我想到一个计划：将订婚戒指放到奶油泡芙里，然后我让佳苗喂我吃泡芙。我要吃得慢一点，因为我听说有个小伙子把送给女朋友的订婚戒指藏在了汉堡里面，结果他女朋友吃汉堡的时候，戒指卡在了喉咙里！我可不想出这种事故。这么一来，戒指就能神不知鬼不觉地到了我的嘴里，然后，我假装亲她的手，再把戒指戴到她的手指上面。

接下来，我需要为这一计划营造一个浪漫的气氛。（大家一定要记好，我可是在星期五上午就做好了全部计划，星期六求的婚。了不起吧。）我和佳苗都喜欢航海，所以我就计划在圣芭芭拉市[2]租一条帆船。在船长把船开到太平洋里之后，我就向佳苗求婚。然后，我们再坐船回到码头，那时我们的父母都会在码头上等着我们一起庆祝。就把它叫作“力克海上泡芙求婚大冒险”吧！我真的希望计划能顺利实施。

星期五晚上，佳苗和她母亲按计划抵达达拉斯麦金尼市。当天晚上睡觉前，我祈祷我的计划能够成功。星期六，天气晴好。我跟佳苗说，我要带她和她母亲一起去航海。（我想让她母亲陪着我

① 泡芙，一种源自意大利的西式甜点。蓬松张孔的奶油面皮中包裹着奶油、巧克力或者冰淇淋。

② Santa Barbara，美国加利福尼亚州西南海岸城市。

们，这样她就可以帮我们拍照了。埃斯梅拉达也和我是一伙的！）她带了一个相机，我悄悄告诉她，让她等我的信号——我在准备给佳苗戴戒指的时候会给她使眼色。

一切都显得自然而随意。佳苗一点都不知道我的计划。她仍然以为我会在几天之后在钟塔向她求婚。当天早晨，我就打发一个朋友去把刚烤出来的泡芙取来了，放在一个托盘里。里面藏着戒指的那个泡芙是巧克力口味的，外面撒着一层糖粉，所以我能轻易将其辨别出来。

我们开车带着佳苗、佳苗的母亲，还有一个装着奶油泡芙的红色便携式冷藏盒，一起去了圣芭芭拉市的码头。然后，登上我预定的卡特琳娜号帆船。船长正在等着我们，我早已跟他打过招呼，说让他带我们出去航海1个小时。然后，在我求婚之后——当然也要佳苗答应才好——我们再返回来，接上我的父母，再带着大家去海上一起稍作庆祝。

可我忘了跟船长说明白——我这是个秘密计划。于是，我们刚上船，他就开口问道："咱们是1个小时以后回来接别人，对吧？"

佳苗看着我。我赶忙给船长使了个眼色，意思是："别多嘴！"为了不让佳苗起疑心，我断然回答道："不，出海两个小时再回来。没有别人了。"

还好，佳苗正忙着在船上安顿下来，并没有多问。帆船随即离开码头。船颠簸得很厉害，我的胃也是一样。我很紧张，颠簸成这样，该怎么把订婚戒指从泡芙里弄出来，再戴到佳苗的手指上，还既不能掉下去，又不能咽下去呢？

还有一个问题我没有预见到。我们是带着毯子和冷藏盒一起上的船，海上波浪挺大，冷藏盒放在甲板的长凳上，船速加快之后，一个浪头打来，差点把冷藏盒震下船去——里面装的可是藏着订婚戒指的泡芙哇！

“佳苗，你把冷藏盒放到缰绳下面，再盖上一条毛巾吧？”我请求道。我的声音里带着恐慌。

佳苗看了我一眼，仿佛是在说：“你怎么吓成这个样子？”

看着海上恶劣的环境，我想，求婚计划还是越早实行越好。所以，刚刚出海15分钟，我就让佳苗把奶油泡芙从冷藏盒里拿了出来。

佳苗把冷藏盒拿过来。此时，她的母亲按计划去了船尾，说是有点不舒服，要去船尾舒展一下四肢。佳苗把托盘里的泡芙拿出来时，我跟她说我想吃那个巧克力味的。

那些泡芙的个头都挺大，于是佳苗问我：“你要都吃下去？”我点了点头，她就把那个巧克力奶油泡芙喂进我的嘴里。

我嘴里顿时堵得满满的。我从没料到定做的泡芙竟然这么大个儿。佳苗目不转睛地看着我，一副要给我做“海姆立克急救法”[①]的样子。我抓紧时间用舌头在泡芙里寻找戒指，面包屑、奶油、糖粉不断从嘴里溢出来。

刚开始，我的舌头没碰到戒指，我心慌了一下；随后找到戒指了，我才放下心来。这时，佳苗也在吃泡芙，她的视线已经从我身上移开，我小心翼翼地把戒指在嘴里调好位置。我感觉到舌头搅动着戒指在磕碰着四周的牙齿，也能听到牙齿磕碰的声音，但佳苗丝毫没有发觉。她正出神地看着阳光荡漾的海面。

“亲爱的，过来，我想亲你的手。”我向佳苗说道。我经常会吻她的手，所以她并未发觉有什么异样。而说这句话的时候，我一直在盯着她的左手，于是，她就把左手伸了过来。我弯下腰，做出吻手的动作。就在我准备把戒指套到她的无名指上时，我发现了另一件麻烦事——我得把戒指有钻石的一面朝上才行！

大家可能没有经历过，相信我，在太平洋上的颠簸的船上、用舌头把订婚戒指套到一个人的手指头上可真不是件容易的事。

迄今为止，佳苗对我吻手的套路已经很熟悉了，所以，在我含住她的无名指时，她稍感惊讶，往回缩了下手。我只好嘴上用了点力气，然后把戒指慢慢套在她的手指上。我可不想把戒指掉到船舱里或掉进海里，对吧？

---

① 一种急救手段，用于急性呼吸道异物堵塞。

起初，佳苗不知道我是在干什么，她只是一脸惊讶地看着我，好像是在说："你这是干吗呢？"而在我完成了一系列动作，抬头看着她的时候，她看到了手指上的戒指，顿时呆住了。

由于身体原因，我不能做出单膝下跪的动作，但佳苗立刻明白了我是在干什么。

"亲爱的，我爱你。你愿意嫁给我，跟我共度余生吗？"

"愿意，愿意！我愿意嫁给你！"她答道。

说实话，佳苗能答应我的求婚，我真是高兴极了。但我更高兴的是顺利完成了求婚计划，成功地将戒指戴到了她的手上，而不是把它吞下去或掉进海里！

我简直欣喜若狂！海面已经平静下来了，天空是湛蓝的。身边这个年轻的美丽女孩——是我的未婚妻！她依偎在我身旁，我们的船转头向码头驶去。这时，佳苗的母亲从船尾过来，为我们拍了几张照片作为留念。

我很肯定，这一刻的人生是最美好的。

接着，发生了一件很奇特的事：我们的船驶进海港的时候，经过了一些停泊的船。其中一艘船上有个赤着上身的男人。他好像是住在船上的。我们的船经过时，他正好走上甲板，他直视着我和佳苗，高喊道："会更好的！"

我胳膊上顿时起了鸡皮疙瘩，我觉得好像上帝正在天堂向我们俯身而笑。

船驶进码头时，我向等在那里的父母喊道：“她答应了！”他们上船来跟我们拥抱，大家眼里都泪光闪闪。接着，载着喜洋洋的一船人，我们又驶向了大海。在离开海港时，一只大海鸥加入了我们的行列。它在船长的头上飞着，迎着风，与我们齐头并进。我们向空中扔了些碎饼干，可这只海鸥似乎对我们给它的食物毫无兴趣。它好像是要把我们罩在展开的双翅之下，为我们的订婚赐福。

“我开了一辈子船，还是头一次碰到这样的海鸥呢。”船长说道。

我们则是把海鸥的和睦陪伴看作一个好兆头，它预示着我们即将共度美好的人生。

LOVE
WITHOUT LIMITS

爱情不设限

第八章
婚礼日

LOVE
WITHOUT LIMITS
爱情不设限

第八章

我跟佳苗交往1年后订了婚，又过了半年结了婚。最初，我们觉得订婚到结婚的时间拖得太久，可几个月转瞬即逝，一点都不觉得漫长，因为我们要安排的事情太多了。我们需要很长时间来筹备婚礼，因为我们要邀请的婚礼宾客遍布五湖四海——谁让新郎和新娘的亲友遍及澳大利亚、日本、中国香港、南非、墨西哥、美国等诸多地方呢。

刚开始为婚礼做安排，我们就意识到：这虽说是我们的结婚典礼，但我们是主人，而不是客人；婚礼日是你一生中的大日子，也是你亲朋好友的大事件。

那么，该如何计划并顺利度过婚礼日呢？我们的建议是，你的头脑中一定要有这样的想法：这一天，我们要与那些爱我们、关心我们、将我们带到人生中这一辉煌时刻的人一起庆祝，分享我们的幸福和快乐。我们婚礼的目的是要为所有到场的客人送上祝福。

这种态度能帮助你避免一些筹备婚礼时常见的陷阱。你若是能把这美好的一天与家人、朋友共同庆祝和分享，你就不大可能成为“怪物新娘”或“怪物新郎”。不把自己当成婚礼的重心和焦点，你就能专心地把这一天打造成爱人和亲人的人生中最好的一天。你要放轻松，顺其自然，如果你总是为计划的每个环节是否顺利无误而牵肠挂肚，那你绝对无法去享受这里程碑式的一天。也许你还盼着能有一个完美的婚礼，放心吧，从没有婚礼是按计划顺利完成的！不过，这正是婚礼有趣的地方，不是吗？

你要有心理准备：你的婚礼也许会有一点小插曲，而这些“意外”恰恰是你们多年后的笑料和谈资。要是你狂热的表亲绊倒了，摔在你的婚礼蛋糕上，或者你的大学室友无意间冒犯了你全家人……保持镇定和平静才是最好的应对方式。我只是举个例子，这种事可没发生在我的婚礼上，我的婚礼是完美的！

好吧，这么说吧：我们的婚礼是“残缺的完美”，就跟我这个人一样。（我可是很谦虚的。）不信的话，就继续往下读，下文里将会说到：在我的婚礼上，音乐放错了；还有，我们在去蜜月酒店的路上被交警拦下，吓了我们一跳。（别想了，你们不会在网上找到我的婚礼照片的。）

婚礼前奏

尽管婚礼日上出现了一些喜剧场面，但很多客人都说，我们的婚礼是他们参加过的最喜庆的仪式之一。这一点，我跟佳苗是很同意的。我们相信，早在数月之前，婚礼的基调就已经定好了。

我们的婚礼是在加利福尼亚州举行的，但在此之前，我们在得克萨斯州的普莱诺市经历过一场前奏。时间是在我们订婚3个月后，地点是在佳苗的舅舅爱德华多（艾迪）·奥苏那[①]家里。他在达拉斯经营一家房地产公司。

我来自一个热情奔放、爱玩爱闹的大家庭。好吧，说实话，我的一些亲戚——特别是我的表兄弟、表姐妹——的性格有点疯。婚礼日越来越近，而我也有些担心，因为，迄今为止，我见过的佳苗的亲戚都是极好的人，但与我那些爱闹的亲戚相比，他们就过于内向了。

佳苗也喜欢玩，但她的举止总是安静优雅的，跟她的母亲、姐姐和兄弟一样。所以，跟佳苗刚开始交往的时候，我有点担心（只是一点儿），担心他们在跟我那些热情喧闹的塞尔维亚叔叔伯

① 括号部分中的“艾迪”为“爱德华多”的昵称。

伯舅舅、阿姨姑妈、表兄弟姐妹相处时可能会受不了。

而在艾迪舅舅家的聚会，让我打消了顾虑。我知道，在狂欢这件事上，墨西哥人可一点都不比塞尔维亚人逊色。艾迪舅舅举办的聚会应该是个小型聚会，参加的人只是佳苗外婆那边的亲戚。此前，我已经见过佳苗的母亲、姐姐和兄弟了，但她想让我认识一下她的外婆洛伊达·麦德林，以及其他的墨西哥亲戚。

在前往艾迪舅舅家参加“小型聚会”之前，佳苗安抚我说：“这只是个安静、正式的聚会，就是坐在桌旁聊聊天。”

我们把车停在门前，只见屋里黑着灯，但窗户后面有很多人探头探脑地在看我们。

“天哪，这么多人！”佳苗惊叫道。

我们下车，走到前廊，按响了门铃。

门开了。

屋里的灯一下子亮了起来。

“惊喜吧！”只听见艾迪舅舅大喊一声，身后50来个人顿时沸腾起来。我们还没缓过神来，只听见小号声一响，紧接着小提琴、吉他、管乐齐鸣，原来在起居室里有一个12人的墨西哥街头艺人乐队！

我的首个墨西哥嘉年华开始了。

我和佳苗被拉进聚会里，在众多热情的拥抱里被载歌载舞的亲戚们淹没了。我曾在很多地方受到过热烈的欢迎，但是，请相信我，我在艾迪舅舅家举行的聚会上所感受到的热情是绝无仅有的。刚进门还不到两分钟，我竟然跟佳茴的外婆跳起舞来。

他们的爱和欢乐简直要把人融化了。佳茴的亲戚一一与我跳舞，一一自我介绍，还为我端上一盘又一盘墨西哥美食。太棒了！

乐队休息期间，他们让我上台做了自我介绍，还让我说了说我的工作以及跟佳茴相遇的经过。接着，艾迪舅舅和佳茴的一个表兄也阐述了他们对佳茴的感情。他们说，自从佳茴的父亲去世之后，他们就一直保护着他们一家。他们坦白说，在听说佳茴跟我交往时，他们对我“福音布道者”的身份是有所疑虑的，因为他们想让佳茴嫁给一个关心她、照顾她的好男人。

艾迪舅舅和其他几个人说，他们起初对我和佳茴的关系心存怀疑，但在听过我们相爱的经过之后，他们心里充满了感激和欢乐。这时，我们都眼泪汪汪了。我和佳茴曾经历过很多美好的相聚时刻，但这次聚会绝对是前所未有的，它也是对我们的祝福，因为它为我们的婚礼定下了基调。

跟佳茴的亲戚见面，感受他们对她的爱，再次令我深刻意识到——我们的婚礼不仅仅是两个人结为夫妻，同时还是一个庆典，庆祝我们被彼此的家人所欣然接受。在这次聚会上，听着佳茴的母亲、姐姐、兄弟、外婆、舅舅、阿姨、舅妈和表兄弟姐妹讲述着他们的温馨旧事，我为能被他们接受而心怀感激。

人生有很多大欢乐，其中之一就是能成为超越自己人生和经历的事物的一部分。而结婚（不论是顺是逆）就属于这种大欢乐，你将成为对方家庭的一员，你将走进他们的历史、他们的故事、他们的传统。我很高兴能有这样一个机会，因为佳苗的家庭既美妙又可敬。我知道，她对加入我的家庭有相同的感觉，因为我的家人非常爱她。我为能有这样的好福气而心怀感激。

婚礼计划

在参加完艾迪舅舅的聚会之后，我们俩意识到：我们的“好日子”将是一个融合了信仰、家庭、友谊的跨文化典礼。说实话，在参加完艾迪舅舅的聚会之后，我最怕的是我们的婚礼恐怕无法达到如此欢乐和激动的程度。不过，我觉得最终我们还是圆满完成了。事实上，婚礼还是很不错的。

有很多书籍、博客和网站能教你如何逐步制订婚礼计划，你应该向婚庆专家和专业人士寻求详细的建议。你要明白，筹备婚礼要比预想的费心、费力得多。这项工作是很费神的，因为有太多事要定好，有太多人牵扯其中。在此过程中，感情容易变得脆弱。除此以外，还有一个不可否认的事实，那就是你们的预算将会迅速飙升。你也许什么都想用最好的，但是要记住，蜜月结束的时候，账单可都在家里等着你呢。

我和佳苗都不是筹备婚礼的专家，有了第一次之后，我们就再也不想干这种事了。当然，为我们的孩子筹备婚礼除外，还有第二个孩子的，第三个孩子的……这里，我们只是想跟大家分享一下在我们筹备婚礼时所总结出的经验和窍门。

因为我们俩的家人和朋友人数众多、遍布全球，所以，我们邀请参加婚礼的人数迅速涨到了250个。据此，我们制订了婚礼预算，接下来就是要找一个预算范围以内的婚礼场所。

我们决定在洛杉矶市郊、我家和办公室附近的地方举行婚礼，因为我的很多亲戚都住在附近。我这边的亲戚数量比佳苗的多很多，所以她觉得婚礼的地点最好选在离我的亲戚较近的地方，这样以减少舟车劳顿和住宿的问题。

如果可能的话，我们想把婚礼定在海边一个风景优美的地方，因为我们俩都喜欢大海。随即我们意识到：我们这是要在地球上消费水平最高的地方举行婚礼。我们用了好几周时间仔细筛选合适的地点——既能容下所有客人，又不至于让我们在婚礼过后变成乞丐。

有一天，我们去了帕洛斯弗迪斯半岛①，它位于太平洋海岸，以其婚礼小教堂、度假村、高尔夫球场、峭壁大厦、冲浪海滩、极

① Palos Verdes Peninsula，位于美国洛杉矶市郊，临太平洋。

致美景而闻名于世。很多影视剧都是在这里拍摄的，如电影《加勒比海盗》，电视剧《橘子郡男孩》《明星伙伴》等。

我和佳苗先是去了一个婚礼小教堂，但那里太小了。接着，我们去了一个高级度假村，里面的婚礼设施样样俱全，但远远超出了我们的预算。我们俩疲惫不堪，心灰意冷。我们差点就要一起跑到拉斯维加斯去，然后给亲戚朋友寄张明信片，上写："对不起，我们决定学猫王，来个简单的婚礼！"①

下午3点，我已经准备回家了，可佳苗突然提出来要到特朗普国际高尔夫俱乐部（Trump National Golf Club）的海滨和宴会厅看一看。我对这个想法啼笑皆非，我们俩在唐纳德·特朗普②的地产上结婚？这简直是天方夜谭嘛。

我想：我们连他的车库都租不起。

"我只是想看看那里的乡村俱乐部，我听说那里很美。"佳苗请求道。

驶入特朗普度假村，一路上的景色美不胜收。汽车行驶在帕洛斯弗迪斯大道上，左边是太平洋和科特琳娜岛，右边是建在悬崖峭壁上的楼房。这里就像天堂一样。一路上，我和佳苗想的是——一

① 拉斯维加斯是美国内华达州最大的城市，以赌博业而闻名，是世界知名的度假胜地之一，拥有"世界娱乐之都"和"结婚之都"的美称。此地因结婚教堂众多、结婚手续经济快捷著称。猫王，本名埃尔维斯·普雷斯利（Elvis Presley），美国著名摇滚歌手及演员。

② Donald Trump，美国最具知名度的房地产商之一，人称"地产之王"。

会儿我们就会来到一扇安全大门前面，然后被保安人员撵回现实世界里去。

我们把车开进度假村里，找到了大宴会厅和观景平台。这个户外的结婚胜地建在悬崖上，面前180°的视野里全是太平洋。佳苗拿到一本婚庆服务的小册子，上面写着“欢迎”的字样。我们想，他们欢迎的是来咨询婚庆服务的人，不是欢迎我们随便闯进来结婚（就当时的情况来说，这倒是个很妙的主意哟）。

我和佳苗已经被激动冲昏了头脑，但既然已经来了，问问又何妨呢。于是，我们见了这里的活动经理莫妮卡，她则就婚礼筹备给我们提出了宝贵的建议：如果能选对了一年里的时间段、选对了此段时间里某个星期里的某个日子，那么即使是在特朗普度假村也能拿到很便宜的价格。

莫妮卡说，我们选在2月初举行婚礼，既有点风险，又有些明智。所谓的风险指的是这段时间里海边的气候多变，很多时候都是有风的冷雨天。而所谓的明智，则是因为2月是一年里婚礼的淡季，宴会大厅和户外庆典场地的租金是旺季的一半。她还补充说，要是能把婚礼定在星期天——淡季里的冷门日子，那么其价格还能减半。

我和佳苗呆住了。特朗普度假村是我们曾到过的绝妙的婚礼场所，而刚刚我们去的那个地方，其价格是这里的2.5倍。

这里太完美了！因为它的宴会厅能容纳300名宾客，所以，如果户外的天气不佳，我们完全可以把婚礼移到宴会厅里来。这样一来，连后备计划都有了，后备计划可是个好东西呀。

我们俩简直欣喜若狂。

婚　礼

定好了婚礼场地，其他的筹备工作就迅速地水到渠成了。这里的“迅速”，可不是说“顺利”——在做了几个月的计划之后，我们才意识到：我们需要专业人士的指点。幸运的是，我们找到了一个很好的婚庆专家。而在跟她交谈了两三个小时之后，佳苗也意识到我们是多么需要她的帮助。

她对我们最大的帮助，是在不超预算的情况下为我们找到了合适的花商和DJ。尤其令我们满意的是，她了解我们要通过婚礼表示对双方家人及其文化传统的敬重。她既不是塞尔维亚人，又不是墨西哥人，她是希腊人，但她立刻就明白了我们的想法。

尽管如此，有件事是再高超的婚礼策划师都束手无策的，那就是天气——尤其是在太平洋海岸。婚礼前夜的排练过程中，我们就尝到了冷天的滋味：有些环节耽误了一下，等排练结束时，我们都快冻僵了。

2012年2月12日，婚礼日。早晨的天空灰蒙蒙的。最近几天的气温总是在10℃上下徘徊，冷飕飕的。在我们把木质凉亭摆放在户外场地上时，悬崖上的阵阵疾风吹得大家透心凉。（木质凉亭是在劳氏公司买的，花了400美元，而租一个的话需要花3倍的价钱，所以我们就干脆买了一个。这个凉亭现在就放在家里的后院里，它是我们婚礼日的美好纪念，每天我们都能看到它。）

整个上午，我和佳苗都心乱如麻，祈祷着天气转好。我们害怕风力会加大，也怕会下起雨来，逼得我们执行后备计划。虽说把婚礼挪到宴会大厅也不算太差，因为这里布置得非常漂亮，但跟正选计划相比，就缺少了水天一色的风景。

婚礼定于下午3:30开始，所以给了太阳一上午的时间爬到天上、稍稍给空气加加温。天还是阴的，气温15℃，风不算大。客人们渐渐坐满面朝大海摆放的座位上。我把这一切都尽收眼底，因为——在阳台上拍照的时候，我的伴郎（弟弟亚伦）和傧相（我的表兄弟们）曾把我架起来，举过头顶，假装要把我扔到海里去。

我及时提醒他们，要是新郎在婚礼前失踪了，他们就不会有饭吃，也不会有酒喝。他们权衡利弊后，把我放了。接着，我驾驶着专为婚礼定做的轮椅，在他们的陪伴下，一起前往悬崖边的草坪——婚礼就要在那里举行。这个轮椅是刚刚到手的，因为原来的那个轮椅被机场工作人员搬来摔去，已经不好用了。我跟牧师马克·斯齐勒一同站在木质凉亭里，而天空仍是笼着一层灰纱。

我心里很烦躁，因为一位酒店的工作人员跟我说，冬季里傍晚的时候，这里常常下雨。突然间，我听到一声怪异的轰鸣，起初我以为是暴风雨欲来的前兆，接着就明白过来，那是佳苗的姐姐佳慧在练习羊角号。她常常在教堂做礼拜时吹号，这次她想在我们的婚礼上献上一曲。

她吹奏出来的音符可以追溯到圣经时代，而在其庄严神圣的角号声中，我们头顶上的乌云渐渐散去了，风也停了，观景台上的每一个人都沐浴在温和的阳光中。真的！在我的婚礼录像里，能看到人们纷纷脱去外套和披肩。此时，双方父母和伴娘在引领员的带领下一一就座。

太阳现出真身，辉煌的一幕上演：美若天仙的黑发新娘身披流云般的婚纱走了出来。在哥哥佳佑的陪同下，佳苗沿着红地毯向我走来。我几乎没有注意到，此时演奏的不是我们为婚礼精心挑选的、由伊娃·卡西迪[①]演绎的Fleetwood Mac乐队[②]的*Songbird*，而是由肯尼·基[③]用萨克斯风演奏的同名爵士乐。

我想，虽说不是我们选的那首歌，不过也OK了。如果弄错成一首很差劲的曲子，我还真不知道该怎么办呢。不过，其实这都不

---

① Eva Cassidy（1963—1996），英年早逝的美国女歌手，擅长演绎爵士、蓝调、folk、福音、乡村音乐以及流行等多种风格的歌曲。

② 成立于20世纪60年代末，乐队风格几经变革，最终创造出一种成熟而富有感情的软摇滚音乐风格，于1993年入驻摇滚名人堂，成为名垂乐史的摇滚乐队，对20世纪80年代之后的流行乐坛具有深远的影响。

③ Kenny G，全球最著名的高音萨克斯风乐手。

重要，因为在那一刻，佳苗缓缓走来的情景已经把大家都迷住了。

所有的家人和朋友都站起身来，我的心也随着揪了起来。以前我参加过很多婚礼，还常常发表评论说，每当看到新娘在婚礼上落泪，我就不禁会为他们的婚姻担心。关于这一点，我需要做个检讨，因为在当天的婚礼上，看着佳苗满目含情地向我走来，我的眼泪几乎要夺眶而出。

辽阔的太平洋海岸上，阳光布满了悬崖上的平台，我那光芒四射的美丽妻子走到我的身前来……这一幕我将永世不忘。这么多年的孤独，这么多年的心碎，这么多年因为害怕不会有女人爱我而提心吊胆……看着佳苗身穿华美婚纱的样子，我的心飞到了九重云霄。我的感激之情无以言表，我心中的爱从未如此强烈。一定是上帝的神力让我们俩结合在一起，对此我深信不疑。

斯齐勒牧师做了精彩的发言。他引述了《圣经》中的话，说我们是合二为一。他还说："你们并未改变，而是互相补充，成为一个新的整体……在这一刻，你们可以凝视彼此的双眼，心中无比幸福。"接着，牧师补充说，幸福的婚姻会不断成长。他还说了我们在白头偕老的过程中需要的一些东西——其中就包括友爱和奉献。

"爱情，事业，浪漫，支持，你们可以同时拥有。"斯齐勒牧师说道，"而最好的结果是，你们想让对方幸福。如果你们都能这么想、这么做，你们就都能获得幸福。"

接着，牧师让我们俩各自宣读誓词。此时，我和佳苗已经热泪盈眶。除此之外，我还非常紧张，因为此前我们商量好了各自撰写誓词，可一直没有时间去写。在这紧要关头，我的捉刀人[1]哪里去了？

这里需要给未来的新郎、新娘提个醒：在撰写誓词这件事上千万不要拖延。在做婚前咨询的时候，我们的咨询顾问总是催促我们抓紧时间写誓词。婚礼前一天彩排的时候，我们的誓词还未成稿，为此还遭到顾问的批评。还好，我们的牧师给了我们一些传统的、现成的婚礼誓词，以防我们在婚礼上把这事耽搁了。

我们用的正是他给的誓词，但做了一点补充。其实，补充的内容是有关“来世”的。在说完“……直到终身”之后，我们又补充了“在天堂里重逢”。

我想，如果佳苗不在那里的话，那里也就算不上是天堂了，对吧？我们的要求不高，只要死后能在一起就行了。真的。佳苗的父亲在她很小的时候就去世了，我想让她明白，如果我早她一步去了天堂，那么，等她也到那里的时候，我一定会在那里迎接她。

说完誓词之后，我再次炫耀了一下用嘴巴给佳苗戴戒指的技术。这次是我弟弟把戒指放到我嘴里的，所以避免了奶油泡芙从嘴里溢出来的难堪。

佳苗也为我戴上了戒指。这个戒指上刻着“Love prevails”[2]

① 捉刀人，比喻替别人代笔作文的人。
② 爱无止息。

的字样，用一条链子串着，佳苗把链子挂在了我的脖子上。片刻过后，她在一片欢呼声中举起手里的捧花向大家致意。此前，我从未感到如此幸福，也从未觉得自己如此有福气。

婚宴

婚礼热闹非凡，盛况空前。我和佳苗都跃跃欲试，准备跟大家一起庆祝。在宴会开始之前，我们克服了重重困难应对各种烦心事。在此期间，新郎、新娘都会恨不得掐死眼前的摄影师和摄像师——你们俩眼睁睁地看着亲戚朋友们欢快地开始了庆祝，却不得不配合摄影师、摄像师为后代留下纪念影像。

对此，早早做好心理准备吧。他们是你花钱雇来的，为你们拍照、摄像只是他们的职责而已，并且，其中的佼佼者水平堪比艺术家，其作品能让你们感叹、回味一生。

拍照、摄像完毕，再次回到婚礼庆典上，我们尚未从闪光灯的眩晕中缓过劲来。接着，在场的宾客首次看到了世界上绝无仅有的、新婚夫妻的第一曲舞——新郎坐在一辆电动可操纵、敏捷度堪比保时捷911的豪华轮椅上。然后，是几个亲朋好友的致辞，其中有我的弟弟亚伦、妹妹米歇尔、父亲鲍里斯，还有佳苗的姐姐佳慧、母亲埃斯梅拉达。

弟弟解释说，父母在给他起名字的时候，是借用了《圣经》里摩西的弟弟亚伦的名字。据《圣经》记载，摩西是上帝“特选子民”的领袖，而亚伦给了他巨大的帮助。

“爸爸、妈妈觉得力克需要帮助，所以我就叫这个名了。”亚伦说道。他还开玩笑说，我的父母简直是把他当成“免费的童工”了。

亚伦给大家讲了小时候他被我支使着干这干那的趣事。他说他错过了很多电影、电视剧的精彩情节，因为我总是半途让他帮我做事。这种情况甚至一直持续到我十七八岁时，而那时我已经开始在学校里做励志演讲了。

亚伦给在场的宾客复述了我们俩小时候的一段典型对话，惹得大家哄堂大笑：“力克朝我大喊：‘亚伦，我要洗澡！’我就说：‘你自己洗！’力克就说：‘不行！’我就说：‘你演讲里可不是这么说的！我相信你，力克！你能行的！’”

接着，他说了我第一次给他打电话跟他说佳苗的事的情景。我的眼睛湿润了，在场的宾客也是如此。他说：“力克给我打电话的时候，我能听出他的声音里透着欢欣。那种声音我好像是第一次听到，那是一个沉浸在爱情中的男人的话语声。过去我常说，力克的妻子一定得是个女超人才行。我想，今天他真的娶到了一个！”

佳苗的姐姐佳慧的致辞也是同样的主题，她说到了我跟佳苗深深的爱。她的致辞打动了在场的宾客：“曾有一段时间，我怀疑真爱的存在，是你们俩改变了我的看法。你们的爱是宝贵的、平等的、相互的、毫无条件的。你们让我知道了，你身在何地其实一点都不要紧，爱情会找到你的。爱情跟你的作为没有关系，跟你的身份没有关系，因为真爱是用心的。”

在她说因为我们而改变了对爱情的看法时，佳慧是发自真心的。就在我们婚礼之后半年，佳慧也找到了她的真爱，现在已经结婚了。我深信，我跟佳苗相爱之后一定是开启了什么东西，因为我妹妹米歇尔在参加我的婚礼时也是单身，而当时我跟她说的是，有一天她也会找到真爱。一年之后，我的话果然应验了。

婚姻中能获得的最大的祝福，就是来自双方父母的支持。我没有机会见到佳苗的父亲，但我们都向他默哀，感谢他，感谢他对儿女的爱。那一刻非常感人。

一个接一个的致辞就像一波波的浪头，里面充满了爱、深省、感激和欢乐。想起我们各自的成长历程，想起家人对我们的爱，我们不禁泪如雨下。贝塔叔叔常说，要想敬重你的妻子，那就敬重她的家人吧。这是我毕生的目标。当天晚上，看着家人纷纷为有我和佳苗这样的儿女、这样的兄弟姐妹而向上帝、向我们表示感谢，我们简直太感动了。

就在我们以为感动和流泪就要告一段落的时候，佳苗的母亲埃斯梅拉达又让我们深深感动了一回。她说：“如果你们不相信童话故事的话，下面我就给你们讲一个。有着一副金嗓子的王子等待着公主的出现，一天晚上，她在钟塔遇见了他。在她听到他的声音的时候，公主就明白这就是她的王子！”她向上帝表示了感谢，谢谢他把我和佳苗聚在一起。她还说，她爱我的家人，也为他们同样爱着她的家人而欣慰。她的美丽和高尚令我惊叹，我觉得自己很有福气，因为现在她也是我的母亲了。

父亲的致辞同样很感人。他把我们的婚礼日跟近30年前我出生那一天联系了起来。他如此说道：“我很激动，感谢上帝此刻让我们欢聚一堂。力克出生的时候，上帝一定是对他另有安排，我却不知道。我很难相信，我的儿子，力克，竟然结婚了。他不仅结婚了，娶的还是这么漂亮的一个女孩。我的心情无法用言语表达。”

接着，他说道：“我简直想象不到，自己竟然能够看到这一刻。曾有一段时间，我陷入了人生的低谷，我只能眼睁睁看着这个小婴儿，心里想——他是不是要在床上躺一辈子了？他会不会一无是处，连走路都做不到？

“错了！真是大错特错！有时候，生活里会遇到这样的事，而我们总会往坏处想。但是，上帝能把坏事变成你做梦都想不到的好事。我感谢上帝所做的一切。”

父亲的致辞，还有那天所有致辞的宾客所说的话，都将永远在我的记忆里回响，并会一直指引着我们的婚姻前行。我和佳苗把每个字都放到了心里。随后，父亲向上帝表达了他的感激之情，感谢上帝给他儿子这么好的恩赐，我们一家人都非常喜欢佳苗。

我请贝塔叔叔为我们祈祷。他高兴而谦虚地接受了我的请求，并表达了对我们俩婚姻的看法。他说，上帝对我和佳苗的安排其实早就开始了。要知道，婚礼的宴会大厅所在的这片悬崖平台，曾经一度被认为不适合搞建筑，后来，一个人——贝塔叔叔是他的导师，向他传授过土方技术——成功地对其做了稳定处理。

“在他动工之前，这个山坡基本上已经废了，人们都说这里一点价值都没有了。但他做好了稳定化处理，也使得今天在这里举行婚礼成为可能。这就是天意。”

贝塔叔叔同时也是我的亚父，他随后用一段美丽的祷文为我们的婚礼祈福（按照他的标准来说，是个比较简短的祷文了）。其间，他还真诚地提醒大家，我们都需要上帝，没有他，我们什么都做不到。

我们的婚礼还有一个特点，就是大家极少有机会看到、听到的：聚会上的音乐，既有录好的塞尔维亚民乐，又有现场演奏的墨西哥流浪乐队。是的，这是两种民族音乐的擂台赛。而我很高兴地告知大家，婚礼结束时，塞尔维亚和墨西哥两边的亲属都毫发无损。

婚礼蛋糕

如果你最近几年曾经筹备过婚礼或到过婚礼现场的话，那么你一定能发现，那里简直就是与婚礼有关的各种产业汇聚一堂的场所。婚礼策划师、花商、装潢人员、裁缝、接待人员、摄影师、摄像师、酒席承办人、租车公司、乐队、DJ、珠宝商，还有，如果你的婚礼想要搞得更盛大一些的话，还会有舞蹈教练、杂技演员、冰雕大师、马戏团……

根据theknot.com网站的统计，现在美国人婚礼的平均花费是29000多美元；在加利福尼亚州，其平均数字是38000多美元；在曼哈顿地区，则是86000多美元。有些社会评论家认为这种趋势已经失控。他们将其归咎到名人和王室成员的婚礼上，说他们的婚礼拉高了花费的标准。我对这个问题了解不多，不敢妄言。但我知道，婚礼不在于你花了多少钱，而在于你用了多少心。

接受了这个想法之后，我建议大家试着把婚礼办成自己的创新产物，而不是照搬某位社会名流或英国皇室成员的婚礼。想办法表达出你们对彼此、对家人的爱，在婚礼的装饰里加上家人的照片，或者是邀请某个特别的乐队来表演……我和佳苗认为，只要能在婚礼上加入独特的创意，就一定可以留下美好的回忆。

我们的创意是关于蛋糕的。其实，说实话，对传统的婚礼蛋糕顶上新郎和新娘两个小人的装饰做了创新的，是佳苗。我的新娘可是个时尚人士。跟很多筹备婚礼的女人一样，她在Etsy、Pinterest等创意层出不穷的婚庆网站上花了大量时间，以寻找灵感。由于我的外形与“标准”形状的新郎小人儿并不匹配，于是她就决定做一个跟我相仿的人偶出来。

她买了一对木质的圆柱和小球，然后将其粘在一起，再涂上颜色，就用它们代表我们俩人。在把圆柱体和小球粘到一起的时候，她发现木球有些大，跟我们的脑袋比例不大像。（嗯，其实只是她的不大像而已，根据家人的回忆，我从小到大一直是脑袋比较大的！）于是，她就又订购了一些小号的木球，再重新做起，最后涂上颜色。我喜欢这俩人偶。大家都喜欢它们。它们的样子很滑稽，而且，它们令我们的婚礼变得有了个性，也更值得回忆。而更令我感动的是，在匆忙混乱的婚礼筹备工作中，佳苗还能拿出时间满是爱心地亲手制作装饰品。

说实话，我觉得蛋糕上这俩小人儿比我们俩真人得到的拍照机会还多。好吧，我承认——佳苗的手工艺品比她嫁的这个家伙好看得多，但我跟它有一个共同点，那就是脑壳都很硬。

婚礼惊魂日

大家现在也许已经注意到了，我和佳苗不断在婚礼中制造回忆的亮点。有些时刻和事情是我们事先计划好的，但还有些事是凭空发生的，出乎我们的预料。其中就有这么一件事，它不算什么奇事，反而有些吓人，不过后来我们常常将其作为笑料谈起。

婚礼接近尾声，劳累了一天的新郎、新娘就该离开了。有些事是不用明说的，比如，新郎、新娘不必一直陪着到访的宾客，直到他们全都告辞离去，对吧？当然，你也不愿意在宾客一生的记忆里留下这样的印象：亲朋好友仍在载歌载舞，你们俩却又困又累、没精打采。

下面这件事本也不必说的，但我还是决定告诉大家：不要在新婚之夜就从婚礼举办地远走高飞。“婚礼一结束就赶赴异国他乡度蜜月”这个想法的确很诱人，但是，如果能在婚礼聚会过后、先就近找一家酒店住下休息一两天，等从压力和激动中完全恢复过来之后再去夏威夷、牙买加或卡波圣卢卡斯等地度蜜月，你们的感觉会更好。

我和佳苗在距离特朗普度假村几千米之外的酒店订了房间。在向宾客们表示了感谢、告辞之后，我们就坐车前往酒店。刚刚驶出1000多米，佳苗发现她的行李箱忘了拿。我们不想掉头回去，于是，佳苗就拿出手机给她母亲打电话，让她把行李箱捎到酒店来。

路上的手机信号很差，在佳苗给她母亲打电话的时候，我们的司机以为我们可能得掉头回去，于是就在狭窄蜿蜒的公路上减了车速。而不知为什么，我们这辆车引起了一位交警的注意，他把警灯打开，让我们靠边停车。

那位警官来到我们车前，佳苗摇下了车窗。他见她身上穿着婚纱，脸上露出了笑容：

“既然是你们大喜的日子，我就不罚你们了。跟你们的司机说，别在这条路上开这么慢。向你们道喜，晚安！”

谢天谢地，我们没落得个在拘留室里度过新婚之夜的下场，也使我们逃过一劫，没有酿成刚结婚就双双被捕的惨剧。

LOVE
WITHOUT LIMITS

爱情不设限

第九章
婚前约定

LOVE

WITHOUT LIMITS

爱情不设限

第九章

我们知道这是一个很严肃、很敏感的话题，而且，守贞也是个非常隐私的问题。所以，我们只是与大家分享一下我们俩在这个问题上的想法和经验。我们不想让大家感觉不自在，也不愿让大家有什么愧疚感，更不是让你必须怎么做。那不是我们该管的事，我们只是想说说我们的看法，还有根据我们的信仰，我们认为正确的做法是怎样的。

言归正传，首先我要跟大家说一件有趣的事。有个朋友曾问佳苗："跟力克一直忍到结婚才有性生活，是不是很有难度？"她答道："一点都不难，因为他没有四肢，所以不会对我动手动脚。"

在佳苗将这件事转述给我的时候，我简直笑坏了。我太爱我的妻子了，她也真是实话实说。她直白的回答也反映了这样一个事实：对深深相爱、渴望结合的两个人来说，婚前守贞是很难的。因为爱和欲望都是好事，性也是好事——当然这里指的是婚后的性。婚前守贞是上帝为基督徒夫妻设立的理想模式，可做起来并不容易。

遵循理想而活，难度太大，而在这个问题上尤其如此，因为诱惑、冲动、压力无处不在。当然，这个决定完全取决于当事人自己，我们不会妄加评判。当初，我们俩也是很纠结，但我们很高兴做了这个决定。新婚之夜前往酒店的途中，当交警说放我们一马的时候，我们之所以感到万分庆幸，其原因之一就是我们一直婚前守贞。当时，我们真是恨不得立刻飞到酒店房间里去享受二人世界！

结婚之前，我们俩真可谓是近在咫尺又远隔天涯。

如果你正身处热恋之中，并打算结婚，而心中又因为婚前禁欲而纠结不已，那就请记住，不要因为自己矛盾的心理和情绪而难过。你应该得到赞扬，因为你想做正确的事。比如我和佳苗吧，我们真心想把禁果留到婚后品尝，而我们又对彼此如此迷恋，所以，婚前守贞对我们而言是极其困难的。订婚之后，我们俩又兴奋又激动，冲动也变得更加强烈了。我们都祈祷上帝赐予我们力量，帮我们抵挡欲火的冲击。我们也考虑过尽快结婚，结束痛苦的煎熬。对此，我强烈建议婚前守贞的你们将订婚期缩短，而很多人都认为这是个好办法。

订婚之后，我和佳苗见到了葛培理牧师[1]。他给我们的建议

---

① Reverend Billy Graham，美国当代著名的基督教福音布道家，第二次世界大战以后福音派教会的代表人物之一，经常担任美国总统的顾问。

是："赶快结婚！"葛培理牧师理解婚前禁欲的困难和它所带来的回报。跟他的一番交谈，也令我想起贝塔叔叔在我刚跟佳苗交往时对我说的话。当时，他提醒我说，作为一名基督徒，作为一个传播上帝的话语、鼓舞别人遵循上帝意旨的福音传道者，我应该身体力行。

在我和佳苗交往期间，贝塔叔叔总是用一个个的问题鞭挞、提醒着我：我的计划是什么？我对她的感觉是什么？我如何克制欲望？当他看到我和佳苗彼此深深吸引、深深相爱的时候，他就为我们祈祷。对此我很感激，我也建议大家，如果你也有类似的情况的话，最好找人为你们祈祷。

了解对方

《圣经》里在提到男女之间的关系时，用到的是"了解"这个词。在真正的爱情里，在发生性关系之前，两个人应该拿出时间去彼此认识和了解。很多（但不是全部）男士都认为性只是肉体上的事，是愉悦感的来源，而绝大多数女士都将其视为对对方的郑重承诺。

《圣经》上说得很清楚。我认识很多婚前同居的人，有些人说，结婚之前有必要在这种层面相互了解。可另一方面，正如基督教哲学家、作家C.S.路易斯在《返璞归真——真正的基督教》一书中所说的那样：没有婚姻的性，就如同吃东西时不咽下去消化吸收，而是只含在嘴里咂味道。他说性是婚姻的一部分，二者不应分开，一旦分开，婚姻和性就都失去了原有的意义。

佳苗也说了一些很有道理的话：很多有了婚前性行为的年轻人都觉得自己遇上了共度余生的真命天子（真命天女），可是，有多少“真命天子（真命天女）”变成了“假命天子（假命天女）”！而当这段爱情并未转变为婚姻时，很多少年人、成年人都悔不当初。青少年尤其会受到这种情绪波折的伤害。性爱会给人一种感觉，让你觉得对方已经把身心交付给了你，可它若是发生在婚姻的范围之外，那大都是错觉而已。

精神的契合

在流行文化中，往往把性描述成感情的冲动或本能的欲望，而不是两个人结婚之后的、美丽恩爱的心灵纽带。电影、电视剧、小说里都倾向于将“性”与“爱”一分为二，淡化其意义和重要性。婚前性生活丰富的人，绝不会体会到这份上天恩赐的华美，而它是那些短暂的愉悦感望尘莫及的。我还知道，等待有多个理由，而这份恩赐也有很多层包裹。

《圣经》里说：“男女交合的时候，他们在心灵上也合二为一了；而这正是上帝将性爱引入婚姻里的原因。”肉体结合之时，亦是心灵结合之时。这就是为什么很多人在性交时感觉身体里有一部分东西永远地离开了他们，但是跟对方的关系却没有进一步的进展。他们感觉好像有些东西已经永远地失去了或被拿走了。

如果你有这样的经历和感觉，我的建议是，从此许下诺言，在婚前禁欲，直到找到人生的伴侣为止。然后，你们俩要共同承诺把性留到婚后。也许你曾犯过错，曾经摔倒过，但可以从头再来！每个人都会有这样那样的失败——常常是好几种失败结队而来。你可以请求上帝的宽恕，请他赐予你力量，然后原谅自己，并发誓在找到人生挚爱时好好表现。重要的是，你和要嫁（或要娶）的人定下原则，达成一致意见，只有在成为上帝赐福的夫妻之后才把身体交给对方。

在我们看来，婚前性行为是虚伪的，因为双方没有真正的承诺，也没有对上帝做出承诺。有些单身男女认为，如果婚前没有性经历，就会觉得有点欠缺。但我认为，草率的性行为会把反映了上帝之爱的美好珍宝变成自私和空虚的东西。我认为，除非你决定与对方在感情和心灵上合二为一，否则就不应该与之发生肉体关系。这里所说的合二为一，指的就是结婚。

我曾听人说过，在草率的性行为之后会感到空虚和迷惘。我认为，那是因为性是上帝安排在婚姻里的。草率的性行为就像花500块钱从街边买了块假表，看起来像真的，用起来像真的，但你始终明白那就是块假表，心里总觉得别扭。

婚前草率的性行为同样会令人迷惘，因为它会令人产生一种假的亲密感。我曾见过很多人（有男有女），他们身处糟糕的恋情之中却不愿抽身而出，其绝大部分原因就是他们已经与对方发生了性关系。我还认识一些人，他们在结束一段恋情之后心中有了障碍，很难再投入到新的恋情中，因为他们与上一个恋人发生了性关系，对方却背叛了他们或不打算与他们结婚。

欲望是很可怕的，即使你迷恋的只是对方的肉体，欲望也会让你产生爱的错觉。这种激情起初的确美妙，但随着时间的推移，它会慢慢消退。往往到了最后，当事人发现自己其实并不爱对方，甚至连喜欢都算不上。

因此，超越肉体的吸引，建立深层的感情联结就尤为重要。你们之间的纽带是否牢固，能使你们在激情消失之后继续携手走下去？在思考这个问题时，如果受到性爱因素的影响，你就很难保持清醒的头脑。

试婚危险

大家也许听过这种说法：婚前性行为是很有必要的，因为这样才能知道两个人在身体层面是否“合拍”。乍听之下似乎有些道理，但大家可以分析一下，这种态度会把原本恩爱、亲密、愉悦的相处变成测试。要是仅仅为了“证明”你们是“合拍”的，或“证明”你们能达到让彼此满足的效果而发生性行为，那么其恩爱、亲密、愉悦何在呢？我觉得那样太薄情寡义了。

同样的道理，通过婚前同居来测试两个人能否和睦地生活也是不妥的。如果你们全是怀着“检验”的目的同居，那样能有多少乐趣？如果你总想着自己的一举一动都会受到对方的评判和分析，你们的同居生活怎么可能轻松舒心？同居期间，要是你不小心把红酒洒在了她的沙发上、或长了几公斤体重，会怎么样？对方是否会拂袖而去，对你弃之不顾？

婚前同居、婚前性行为会把两人的关系置于棘手的境地。如果你一而再，再而三地想要证明自己值得爱、值得娶、值得嫁，你还怎么保持自我？相反地，如果你们结婚了，那就是真正彼此接受了。无论安乐困苦、富足贫穷、有病无病，你们许诺要接受对方的不完美。对我而言，只有这样才能活得更快乐。

除此之外，还有一个需要担心的地方：婚姻之外的性行为可能会导致意外怀孕。结婚之后再生孩子都会麻烦成堆，而一旦没有了具有法律约束力的承诺，其艰难程度必定飙升。虽然有些单身父母独自一人也能把孩子抚养得很好，但大多数单身父母都会跟你说，他们活得不容易，还将孩子置于一个艰难的成长环境里。

现实中，很多未婚先孕的人都是选择了堕胎。虽然他们的生活仍在继续，但这件事一辈子都如影随形，无法忘却。

因为没有长期的承诺，所以婚前性行为往往容易使人感到受伤害或背叛。我知道，这个理解起来容易，可做起来太难了。相信我，虽然我没有四肢，但我的欲望跟别的男人没什么两样，而佳苗可是个大美女。结婚之前，为了保持克制，我们把能用的方法全用上了：上帝的恩宠、大量祈祷、作为基督徒的所有的意志力以及佳苗的决心和信仰之力……

身为基督徒，我们知道，如果我们在生活中给了上帝荣耀，他就会给我们荣耀，并保护我们。如果我们遵循他的旨意而活，我们就能获得他的祝福。上帝是慈悲的，即使我们犯了错，慈悲的上帝也会把他的仁慈、爱、宽恕赐给那些向他祈求帮助的人。

结婚3个月之后，佳苗怀孕了，这是多么美妙的祝福哇。婚礼1周年零1天时，儿子清志出生了。这个绝妙的婴儿是我们这辈子最好的恩赐。我们一直坚信上帝的祝福一定会降临到我们身上，因为在走进婚姻的殿堂时，我和佳苗都知道我们俩在恋爱期间是尽了最大努力去建立并尊重各自的原则和底线的。

抵挡诱惑

我和佳苗还有一件感到荣耀的事，那就是为我妹妹米歇尔及她的未婚夫丹尼尔做了榜样。他们是2014年年初订婚的，订婚几个月之后，米歇尔就让我们看了一张照片，照片上他们两个人拥抱在一起，她的手上用可擦写墨水写了“Worth the Wait”[①]的字样，以表示他们对婚前守贞的承诺。

米歇尔和丹尼尔（他的父亲常年在津巴布韦传教）初次约会就爱上了对方。就在那次约会时，他们许下了婚前守贞的诺言。我知道，他们需要跟我和佳苗当初一样抵挡住性的诱惑，所以我们俩为他们祈祷，给他们鼓励，尽我们的能力给他们支持。

下面，我们想跟大家分享一下当初给米歇尔和丹尼尔的一些建议。这里要重申一下，我们绝不是想把自己摆在“完美夫妻”的位置，恰恰相反，我们认为我们俩是不完美的。这么说有两个原因，一是因为事实的确如此，二是因为十全十美的人是不存在的。我们很明白这个道理！

我们知道，两个人一旦相爱，抵挡性诱惑就是一场持久战，而我和佳苗都是感情饱满、奔放的人。真的，我可是创下“拥抱”的吉尼斯世界纪录的——1小时里拥抱了1749个人！在交往期间，我和佳苗只想黏在一起、形影不离，我们常常爱抚、拥抱、亲吻，但始终都把恪守的底线牢记于心。由此，我们想出了一些办法，能让我们在热情似火的时候保持冷静。

下面请看：

---

① 值得等待。

力克和佳苗婚前保持克制的10个小窍门

1.找人陪同。在过去，情侣身边总会有一个陪同人员，以防马车后座上有什么偷鸡摸狗的事情发生。我们没那么复古，而是尽量与其他承诺婚前守贞的情侣进行四人约会或结伴外出，以此来降低二人独处时的诱惑。我们花大量时间跟家人在一起（包括父母），而这也帮助我们与彼此的亲人建立良好的关系。

2.利用上帝和信仰来打消性致。虽然有失敬重，但真的很有用。记住，跟你交往的这个人不是你的私人物品，他（她）是上帝的儿女，应该待之以礼，尊重对方的道德信念和原则底线，不要诱使对方犯错。

3.约会时，尽量保持气氛的纯洁、健康。不看、不听有亲热镜头或声音的影视剧、视频、音乐。我们都是看基督教节目或一些积极向上的娱乐节目。

4.多去室外活动。我们俩谈恋爱时总是去户外活动，比如去海边、去航海、去野餐、去池塘边、去公园等。这样一来，我们既能腻在一起，又能欣赏周围的美景，还能将身体接触控制在拥抱和接吻的层面，不会越过雷池。

5.远离酒精和毒品，因为它们会减弱人的自制力、影响人的判断力。当然，这已经是个常识了。大家都知道酒精和毒品不利于禁欲。偶尔喝杯酒没什么大不了的，但若是喝得太频繁了，1杯变2杯、2杯变3杯……酒能乱性啊。

6.在觉得欲火渐旺时，先冷静一下，想一想你们俩定下的底线和界线，唤起道德力量。洗个冷水澡也是有帮助的，但别一起洗，那就成鸳鸯浴了。

7.开着灯。我听说，父辈那一代人里，当情侣在房间里单独相处时，会遵循一个“脚不离地”的原则。这个办法恐怕在我身上行不通（因为我没有脚嘛），但让屋里开着灯以及让外人在场是个好办法。有时候，佳苗会用胶带把我绑在一把沉重的椅子上，以防我在冲动之下做出什么事来。（最后一句是开玩笑的！）

8.寻找没有身体接触的方式表达爱意。在我们谈恋爱的时候，佳苗常给我做饭吃，而其结果是，在很短时间里我的体重就长了很多。快5公斤呢！她是一个很好的厨师，她用烹饪美食来向我表达爱和深情。作为回报，我会给她写歌写诗、带她出行、用礼物和鲜花给她惊喜，还偶尔带她去冒个险。这样一来，我们俩既能常常相伴，又不会被欲望冲昏头脑。

9.时时提醒自己：你们俩的守贞只是暂时的，但有着长远的理由。我和佳苗每周会谈一次——很快我们就会结婚了，从此可以毫无拘束地在一起了。我们发现这么做有助于我们保持专注。我们谈论了忍耐和等待的益处，还有，要是能跟我们的孩子们说“我们把这部分爱情留到了新婚之夜、留到了成婚之后的生活里”，那时的心情该是多么好。还有一点很重要，那就是我可以在演讲中建议广大青少年婚前守贞，而我自己也是身体力行的，这样才不会虚伪。这也是我能坚持到底的一个动力。

10.我前面是不是说过冷水浴和胶带了？希望那两句话引得大家发笑了，因为“笑”是另一种极好的、“无性”的两性间的纽带。我想了想我认识的那些非常幸福和睦的夫妻，他们基本都是欢声笑语不断，总是在开玩笑、相互打趣。佳苗常说，结婚之后，我们笑得不如谈恋爱时那么多了。我觉得也是，我认为我们俩需要在这件事上有所改进。我很想让我们俩时时看到生活中有趣的事物，因为它们能提醒我们——我们是为了快乐而活在世上的。

守贞的乐趣&性的乐趣

新婚之夜，夫妻俩一起掀开新的篇章，双方都没有以往经历的困扰，这才是最快乐、最抚慰人心的事。结婚之后，两个人再共同接受对方的第一次，这才是上帝的安排。

我和佳苗相信，上帝的旨意①才是最好的。如果你乱搞两性关系，他是不会宽恕你的。但是，如果你祈求他的宽恕，并决心改过自新，他最终还是会宽恕你。上帝是仁慈的，如果你荣耀主，他就会始终赐福给你。

下面，我们来谈那个问题。

我们要谈的，不是你在青春期时跟父母或牧师谈的“性”，而是另一个问题。我曾读过很多婚前守贞的叙述，也曾跟很多基督徒有过交谈，在其中我发现了一个不好的倾向，虽然可以理解，但很令我担心。

很多人杜绝了婚前性行为，但他们的方法是给自己灌输这样一种观念：性是肮脏、恶心、邪恶的，是不好的东西。即使在结婚之后，他们仍无法纠正这种观点。其结果是，他们会拒绝跟配偶

① 即基督教婚前守贞的信条。

做爱，或者只是出于义务而敷衍了事。这是不对的。

性是天赐的礼物，它通过灵与肉的交流将夫妻二人联系在一起。它是两人共有的福气，能保持婚姻的健康和完整。这份礼物是婚姻契约的一个组成部分，也是你们俩宣誓合二为一的表现，都是上帝安排好的。

上帝创造了男人和女人，两者身体构造的不同并不是个巧合。夫妻间的性爱既是两人的结合，也是繁衍生息的方法。人类是有性的生灵。结婚之后，通过身体的结合表达彼此的爱，我们是在荣耀造物主、遵循他对人类的安排。

圣经学者认为，《雅歌》（*Song of Solomon*）这首诗描述的是，性爱是欢愉之源，是上帝的恩赐，它能让夫妻关系更加紧密。夫妻间的性并不邪恶、并不肮脏、并不恶心，事实上，它是如此迷人而美妙的上帝恩赐，应该留给与你共度余生的爱人一同分享。上帝让婚姻中有了性，它是神圣而庄严的东西。很多基督教学者和教士都认为，夫妻间的性反映了二人心灵上的欢乐和结合，是通过基督与上帝相通的结果。这就是我们为什么要等到婚后才享受性爱的原因。婚前守贞，并不是因为性是不好的东西。夫妻二人做爱时，他们是在遵循上帝的旨意，与《圣经》毫不违背。结婚之后，性就不是做样子，不是取悦别人，而是两个人共享欢乐，分享彼此的亲昵、信赖，享受彼此身体、情感、心灵的结合。

我建议大家把体贴周到的优点继续保持下去，在婚后的性关系方面同样如此。有时候，夫妻二人可能会对何时、以何种方式享受性爱有不同的意见，这些问题需要相互理解和体谅。工作、孩子以及其他紧急事务都会对夫妻的性造成干扰。大家不要把怨恨和不满藏在心里，而是开诚布公地谈一谈这个敏感的问题，并始终保持温柔和恩爱。

不要把性当成惩罚的手段。它是双方共有的，是能维系夫妻间感情的纽带，而不是使你们疏远的东西。正如《圣经》中所说的那样：不要带着怨气或未解决的问题上床睡觉；如果没有其他的事情，你们可以求同存异，或者一致决定到第二天早上再讨论解决这个问题。

我和佳苗相爱极深，对彼此身体的迷恋也非常强烈。自从我们相互表白爱意、准备迈入婚姻的殿堂之后，我就跟她讲得很清楚——我身体的残障不会妨碍或影响我们俩婚后的性生活。

她此前并没有问这件事，但我想打消她的任何疑虑。相信我，从小到大一直有人问我此类问题，有些问题简直是匪夷所思。

尽管如此，我也从没料到竟然会有电视台记者把如此隐私的事情公之于众。可是，这种事真的发生了。有一次，我在达拉斯参加一个直播访谈节目，佳苗那时已经怀孕了。那位女主持人在提及此事时就直截了当地问我：“你们俩怎么可能怀上孩子？”对这个问题，我有些不知所措，于是就搪塞道：“嗯……地球人都知道，生孩子和有没有四肢关系不大。”

可她似乎对我的回答并不满意，于是又问了一遍，说大家都很好奇我是怎么能当父亲的。这时，我明白了，她真是要打破砂锅问到底了。我本可以给她个软钉子，因为她对我隐私的打探已经有些过火了。但最后，我还是选择了用幽默应对。

于是在直播中，我如此答道：“其实，我听说，这件事，有腿反而更碍事儿！”果然，她不再追问了。

还有一次，我和佳苗接受澳大利亚《60分钟》（*60 Minutes Australia*）节目的访问，主持人是我的朋友彼得·埃弗顿，他也颇有礼貌地问到了我们俩如何亲昵的问题。

只听佳苗答道：“嗯，我要说的是，力克是很健全的……”

亲爱的，答得好！

LOVE
WITHOUT LIMITS

爱情不设限

第十章 当两个人组成一个新家庭

LOVE
WITHOUT LIMITS
爱情不设限

第十章

刚结婚几个月，我就要去洛杉矶出差。举行会议的酒店距离我们住的地方有两三个小时的车程，所以我打算让护理员开车送我过去参加会议，下午再赶回来。

我跟佳苗说了此行的计划，她好像很伤心。我不愿看到她伤心的样子，于是就问道：

“亲爱的，怎么了？”

“你都没打算问我想不想跟你一起去。”她泪眼汪汪地说道。

“不称职丈夫”的警灯亮起！

巧的是，在此之前，我刚刚想起《圣经》里的一段话：“新娶妻之人不可从军出征，也不可托他办理什么公事，可以在家清闲一年，使他所娶的妻子快活。”[1]第一次读到这段话的时候，我心想：这可是个很好的准则，虽说在现代社会有点不切实际，但主旨还是不错的。可是，我却与之背道而驰了！

这段话听起来虽然挺好，可在现代社会，让新郎请一年的假去“让所娶的妻子快活”基本上是不可能的。但我认为，要是能从一开始就把婚姻看作彼此取悦的机会，那么所有夫妻都能从中获益。

听起来有些冠冕堂皇，对吧？有点单纯了，是吧？其实，它完全取决于你对另一方的感觉。如果你不愿为对方的需求做出某些调整，那么我猜你的婚姻要么非常短暂，要么很不幸福。

在我为洛杉矶的短途出行做计划时（并未把佳苗考虑在内），我其实是在按照结婚前的老模式思考问题。我考虑到了工作、考虑到了自己，却没有想到这样一个事实——我已经不再是唱独角戏的时候了。这虽说不是什么大的原则问题，但我没有完全把思维模式从“单身汉模式”调整到“已婚男人”模式。

我其实想过要带佳苗一起去，但我想，她可能有更重要的事情要做。我没想过要在会议结束后跟佳苗在洛杉矶享受一点家庭生活，但很明显她想到了。从这件事上我明白了，以后在找机会跟佳苗共处这件事上要考虑得更周到一些才行，因为即使你没有说出口，你的妻子也希望你能有这种想法——我想和你形影不离。

---

① 出自《圣经·申命记》第24章。

顺便说一句，这是新婚夫妻常犯的错误，不论丈夫还是妻子都是如此，而这也是情理之中的事。我猜，在结婚之初的几个月里，丈夫或妻子因为没有考虑到对方的感受和需求而“犯了错”的事一定是屡见不鲜的。这正是《圣经》提醒我们“要像爱自己一样爱你的配偶”的原因。

能做到吗？能的，我相信。事实上，我认为在完美的婚姻里，丈夫和妻子都是把对方放在了首位。不过我也很清楚，这件事的确是说起来容易，做起来难。

现在，我仍在不断地学习如何才能成为一个优秀的丈夫，而这个学习过程可能会非常漫长。对我当天打算独自前往洛杉矶这件事，佳苗的反应给我敲响了警钟。对我的疏忽大意，佳苗很是宽容，她说她只是想多跟我在一起。她的泪水浇融了我的心。

我意识到——在度过了20多年的单身生活之后，我需要把自己的思维调整到“已婚男人模式”。我得把“二人一体”的观念牢记于心，时刻提醒自己——我已经不是“独行侠”了。

很多已婚的男性朋友（特别是那些在世界上独自闯荡了几年后结了婚的男人）都说，他们都曾逼着自己做了相同的思维转变。单身的小伙子们早已习惯了独来独往，一时兴起想做什么就做什么，但这种以自我为中心的行事方式是与幸福的婚姻相冲突的。我认为，你应该把夫妻感情放在首位。有人曾对我说，婚姻中的诀窍不是减少对自己的关注，而是增加对对方的关注。

婚姻需要付出，不能一味索取

我认识一个人，她迫切想要结婚，因为她觉得自己已经到了嫁人为妇的年纪了。她曾数次对我说，她要找一个爱她、能挣钱、能让她幸福的丈夫。我尊敬她，也能理解她的感受，可是，她要是抱着使自己幸福的预期去结婚，还是先跟其他已婚人士咨询一下再说吧。

不要误解我的意思。能娶佳苗为妻我很幸福，她和儿子是我人生的快乐之源。我只是觉得，你不应该要求配偶或婚姻带给你幸福：首先，幸福是源于内心的；其次，我坚信，幸福的婚姻里，应该是夫妻二人相互支持、相互促进。婚姻应该是付出，而不是索取。

有句俗话说，“妻子幸福，我就幸福”，所以，做一个好丈夫是有回报的。我相信，在婚姻里，你得为了夫妻关系而牺牲个人利益。在《圣经·哥林多前书》中有这样一段话说得好：“爱是恒久忍耐，又是仁慈；爱是不忌妒；爱是不自夸、不自大；不做不合宜的事，不求自己的益处，不轻易动怒，不计算人的恶。”

关于我打算独自一人前往洛杉矶这件事，佳苗的反应总是在提醒着我：我得在“我”到“我们”的转变上做出更多调整。虽然我想的是要做一个好丈夫，把妻子放在首位，但我所做的，相比基督教的伟大楷模耶稣还差得很远——他为了拯救众生而死在了十字架上。

戒掉孩子气

“无私”并不是年轻人与生俱来的美德，有时候甚至成年之后还无法具备。在《圣经 · 哥林多前书》中，就阐述了“随着责任的加重而调整心态”的重要性：“当我做孩子的时候，说话像孩子，心思像孩子，想法像孩子。当我成人以后，我就把那些属于孩子的事都丢弃了。”

我认为，对那些即将迈入婚姻殿堂的人来说，这句话同样适用。在结成了神圣的夫妻之后，你就得把原先幼稚的、以自我为中心的心态抛弃，养成新的心态、新的思维模式。你得把自我利益放到一边，但与此同时，我认为，夫妻二人的自知之明也非常重要。

在新婚男士中流传着这样一个笑话：结婚之前，他们从不知道自己竟然有那么多缺点，现在都被老婆一个个挑出来了。所以，你得为与另一个人共同生活而做出调整，并且考虑问题更加周到一些。任何曾与室友共同生活的人都明白，这种调整是必需的。

再有就是包袱的问题。大多数人结婚时都带着这样那样的包袱——这里说的包袱可不是什么旅行包或时尚包。很多男女结婚时，都带着一些以前失败的恋情所造成的不安全感，或者，他们是在单亲家庭或不正常的家庭中长大，心中有阴影，不敢相信别人。

大家也许意识不到这些精神负担的存在，但它会跟随我们进入婚后的生活，在其中加入怨恨、猜疑、敏感的负面元素，尽管这些事跟你现在的丈夫或妻子一点关系都没有。结婚之后，矛盾出现的时候，我们所表现出的反应过激、情绪失控，也许跟婚姻没什么关系，而是缘于感情上受过的伤害。

大家也许以为早已将那些包袱扔掉了，其实，不论你知道与否，它们一直都还在你的背上。当佳苗答应我的求婚时，我简直乐不可支。婚前数月时间里，萦绕在我脑中的想法之一就是：我终于能从忐忑不安（尤其是害怕没有女人愿意嫁给一个没有四肢的男人）中解脱出来了。

然而，结婚1年左右的时候，一个朋友问我，现在的我已是娇妻相伴、幸福无比，以前的不安全感是否还在时，我的回答令他惊讶不已。他原以为我会非常安心，结婚之前我也是这么想的，而事实并非如此。

“过去，我习惯了没有四肢的单身生活，而现在，我已习惯了没有四肢的婚后生活。”我如此对他说道。

觉察精神负担

婚礼的喜庆气氛渐渐消散，我跟佳苗一天天过起了日子，而我却吃惊地发现——过去的一些因为没有四肢而产生的不安全感又死灰复燃了。这种感觉很明显，起初我不知道为什么会这样，但后来我明白过来了。单身的时候，我尽量自己的事情自己做，实在做不了的，就请护理员帮我。

但婚后跟佳苗一起生活了，我又心烦又难过，因为她连家里属于丈夫的那一份家务都得做，比如倒垃圾等。除此之外，我不能给她做饭，不能帮她刷碗……突然之间，我的不足之处开始一遍遍频繁闪现。我原以为早已摆脱了这些烦恼，可在儿子清志出生之后，这些不安反而愈来愈深，因为在他哭闹的时候，我无法把他抱起来搂在怀里哄他。我很难过，因为我不能帮佳苗分担一份做父母的职责，好让疲惫的她得以休息。

起初，我并没有意识到这种不安令我心生挫折，变得烦躁易怒。当有些事情出现，而我无法像个“正常丈夫”一样处理问题时，我就会把烦恼发泄到佳苗身上，而她却一头雾水，不知道我为什么会朝她发火。

大家对这种情况不陌生吧？这就是精神负担在作怪，而在大多数婚姻中，它会以不同的方式表现出来。佳苗也有类似的经历。记得在结婚之前，有一天晚上，我跟弟弟亚伦大吵了一架。其实我们俩之间没什么不快，只是跟大多数兄弟一样偶尔彼此发发火而已，但佳苗却因我们的争吵而担惊受怕，吓得够呛。对此，我很惊讶。

后来，我跟佳苗谈了谈，我才意识到，由于她的童年经历，她对我们高声争吵很是敏感。作为一个父母离异的孩子，她深知争吵会给婚姻带来什么样的影响。

看看我们的结婚照，你看不到我和佳苗身上有任何包袱存在，但它们的的确确是存在的。我最近才记起来，婚礼当天，在我们互致誓词后走下圣坛的时候，我心里慌了一下，因为我无法俯下身子拾起佳苗婚纱的裙摆，而人们总会不小心踩在上面。这份失落感只是一个苗头，我原以为童年至今的无助感已经被我克服，可在结婚之后，它们死灰复燃了。

当然，每个人都有某种精神负担，但是，如果你能意识到它们的存在，并做出必要的调整，那么你的婚姻就不会被它压垮。还有就是要了解自己的情绪，控制好对情绪的反应，这样你的丈夫或妻子才不会无缘无故地成了受害者。这种调整，也是男女二人在被神圣的婚姻绑到一起时必须做出的。如果你们不做出调整的话，你们的婚姻就会变成可怕的战争，这可不是大家想要的，对吧？

及时调整

我是个足球迷。小时候，我可是起居室足球界的明星球员。（开玩笑的。）足球以及几乎所有体育项目都有一个不争的事实，那就是教练需要随着比赛的进行而不断调整战术。有时候，他们最初的战术安排里并未考虑到对手阵容的调整、进攻或防守策略的变化，所以，那些能适应场上新形势的教练和球员往往是胜率最高的。

我认为这个道理同样可以应用到婚姻上。我们得根据婚姻带来的各种变化，调整我们的期望值和应对方式。在婚姻初期尤其如此，因为这段时期我们要对婚姻定下原则和基调。根据我听到、看到、读到的各种信息和知识，我认为，夫妻二人需要根据对方的需求和感觉不断做出调整。还有一点非常重要，那就是始终将对方摆在首位：不是因为“要我这样做”，而是“我要这样做”。

很多情侣结婚时期望能得到快乐、平静和满足，但是在现代生活的快节奏下，他们往往发现很难抽出时间享受二人世界。又是工作，又是孩子，他们会发现，结婚时的期望值简直高不可攀。某个研究表明，与较少花时间互动的夫妻相比，那些每周至少有一次促膝长谈或共处的夫妻，其幸福感是前者的3.5倍。

换句话说，如果不在“二人相处”这件事上投入时间的话，你们的婚姻就一文不值。（是的，这句“哲理”是我的原创，我可是个大诗人，不过隐藏得很深罢了！）我和佳苗早就发现，我的长时间因公外出对婚姻是个不利因素。虽然我们每天都打电话、视频通话，可总觉得相隔万水千山。为了解决这个问题，我总盼着能少出差，或者带着佳苗和清志一起去。我们相信，只有双宿双飞、形影不离，我们才能从婚姻中得到想要的东西。

花时间共处

佳苗以我从未想到的方式帮我了解到夫妻二人花时间共处的重要性。她可以算是一个楷模，展现的是一个恩爱的伴侣该有的品质。她是我认识的人里最无私、最乐于奉献、天性里最懂得照料别人的一个。前文中已经就此举过几个例子了：一是她为了让我方便打开礼物而专门设计了礼物包装盒；另一个是她告诉我说，永远都不要因为她帮助了我而道歉；还有一个是她为婚礼蛋糕制作了一对小人偶。

每一天，佳苗都用各种方式向我表达她的爱。在她觉得我需要做出调整，这样她才能感受到我像她爱我一样爱着她的时候，她总会毫不犹豫地提出来。她想从我这里得到的——我肯定很多夫妻都有这种感觉——只是我的时间、关注和理解。

下面听听佳苗怎么说。

要是我和力克不能每天交流、共处，我们的关系就会受到影响。上帝给了力克一个灵活的头脑，他总会有奇思妙想，连说梦话的内容都是他的新想法！能有这样的头脑是件好事，可它也有坏的一面，因为他有时候无法把注意力放在个人生活上（比如我们俩的关系），也极少有放松、欢笑和与我共处的机会。有时候，我不得不提醒他去做上面这几件事，因为他总是在为事业寻找机会，心无旁骛。

夫妻两人共同成长

在我遇到佳苗、跟她结婚之前，我不明白已婚人士嘴里说的“婚姻很棘手”是什么意思。我不明白，跟相爱的人在一起怎么会棘手呢？但刚结婚不久，我就明白了。如果不付出时间和精力去经营二人的感情的话，它真的会枯萎。就我而言，演讲、布道、写书出书、录制视频以及其他事务都需要大量的时间和精力。虽然结婚之后我尽量减少出差的次数，但是飞机、公交车、火车、轿车还是占用了我很多时间。

即便是跟佳苗独处的时候，我往往也很难停止思考事业，而把注意力转到妻子和夫妻感情上面来。我知道，很多夫妻都有类似情况，而在夫妻二人都为工作和家庭事务忙得焦头烂额时尤其如此。

最近，我们跟一对年长的夫妻共进晚餐。那位妻子对我们说，因为忙于工作和家庭事务，他们夫妻俩已经很多年没有一起出去度假了。她说他们的婚姻已经到了很可悲的地步：即便是两人独处，他们也无法交流彼此的感情和想法。

他们参加了一个增进夫妻感情的活动，还咨询了婚姻专家，试图打破这个魔咒，但他们俩已经貌合神离，婚姻恐怕已经无法挽回。我想，她可能是想给我和佳苗提个醒：如果不能共同成长，那就会变得越来越疏远。

我和佳苗把她的提醒记在心里。不论结婚多久，所有夫妻都应该认真思考一下这个问题，不要把对方的爱当成理所当然的东西。在表达爱和感激时，如果仅仅是在结婚纪念日、对方的生日、情人节里送花、送贺卡是远远不够的，你需要将其表现在每天的行动中。从根本上说，你应该重视你的婚姻，就像你重视你的事业和孩子一样。

如果你能时时关注婚姻，在出现缺口或问题的时候及时调整和处理，那么随着时间的推移，你们的婚姻就会变得越来越美满。而如果你漠视婚姻，不能随着形势的变化做出调整，那么你们的夫妻感情和婚姻就会受到影响，甚至会走到尽头。

我的妻子是很聪慧的。有时候，我甚至怀疑她虚报了年龄——在如此年轻的身体里怎么会有如此“老成”的灵魂呢？最近，我跟她讨论过上面那个话题，她引用了《圣经·马太福音》里的一句话来表达自己的观点："珍宝在何处，心就在何处。"她认为，所谓"珍宝"指的是占用了你绝大部分时间的东西——工作、人际关系、信仰以及任何付诸热情的事物。下面，就请她谈谈自己的想法，还有一些有关恋爱和结婚不同之处的有趣观点。

工作或紧急事务就能轻易地把你的时间和注意力带走，使你无暇关注婚姻和夫妻感情，这一点我很明白，但仅仅花时间相互陪伴是不够的，你们得关注彼此的需求和情感，这样才能做到互相支持。要是缺乏关注、没有投入时间和努力，也没有及时做出调整，那么婚姻就会变得非常脆弱。

恋人之间的相处方式，其实恰恰是夫妻经营婚姻的方式，这一点实在太有趣了。他们花大把的时间相处，每一分、每一秒都腻在一起，要是不在一块儿，那么短信、电子邮件、电话就会无止无休。他们想的是保持亲密、倾心交谈，即便是沉默的时刻也有特殊的意义，因为他们关注的是如何爱对方、如何关心对方。他们出去约会，一起冒险，沐浴在浪漫之中。他们想的是取悦对方，把自己最好的一面展现出来，还承诺要为对方而变得更好。

可是在结婚以后，他们往往又从"我们"回到了"我"的状态。恋爱时，我们都是无私的，结婚后，却又变成了自私的。已婚人士往往心里只有自己的需求，而不为对方奉献。我想，要是我们能把恋爱时的态度用一些在夫妻的日常生活中，从"我"提升到"我们"的状态，那我们的婚姻就会幸福得多。

我明白，在过了那么久的单身生活之后，已婚男士的思维习惯需要做一番大的调整。给我们做婚前咨询的牧师是马克·斯齐勒，他也是我们的主婚牧师。他在我们咨询时曾对我们俩说，婚姻其实就是彼此交付，丈夫和妻子都是把人生交给了对方。我认为，由于婚外情和离婚已经变得司空见惯，所以很多夫妻都选择轻易抛弃婚姻，而不是付诸更多努力去改善、提高二人的感情。然而，在一个婚姻中，如果夫妻双方都能全身心地关注彼此的需求，那么他们一定会是美满的。所以，每天只要有时间，我和佳苗就一起做祷告，一起读《圣经》，因为我们知道，我们需要上帝的帮助来保持婚姻的稳固。

我们还明白，要常常拿出时间交流彼此的情感和心事，这样才能在婚姻中不断做出调整。如果要在敷衍了事和全力以赴中二选一的话，我们选择后者。我们每天都要为更美满的婚姻、更稳固的感情、更强大的纽带而努力，这样才算是遵循上帝的旨意，彼此了解、彼此扶持。

婚姻是一生学习的功课

我和佳苗仍在学习如何经营婚姻。这句话的意思是——我们仍在设法巩固“爱”和“尊重”的基础。要做到这一点，其中一部分内容就是要了解彼此对感情和婚姻有何想法和期待。前文中我曾提到，佳苗曾跟我说，她觉得我们不像在恋爱时笑得那么多了。仔细想想，我也觉得她说得很对，而我对此十分苦恼。

结婚、成家，不论对男人还是对女人来说，都是一个沉重的担子。我在一个传统的塞尔维亚人家庭出生长大。在我们的文化传统里，男人要养家，是家庭经济的主要来源。我觉得，自从结婚之后，这个远超预期的重担就压在了我的肩上。我无法回避供养妻儿的责任，但回到家的时候，我就得把严肃的一面留在门外，这样才能跟家人一起享受劳动的果实和天伦之乐。

这是一个我致力于解决的调整。其中关键在于，你得明白，即使是结婚了，也不能把夫妻感情当成是顺理成章的事。与之相反，结婚之后应该更加重视二人感情的维持和培养。不论是娶了你还是嫁给了你，你的丈夫或妻子都是做出了重大的承诺。你若是不把这份承诺当回事、不把对方当成重中之重，那对他（她）而言又算什么呢？

在婚姻这个问题上，我和佳苗还是新手，但对维持婚姻所需要的付出的努力，我们想给大家提几个建议：

给婚姻新手的5个建议

1.婚姻不是坦途

不论是经过数月短暂的热恋就结了婚，还是从小青梅竹马订了终身，在结婚之初的几个月或数年时间里，人都会有种将对方视作理所当然般存在的倾向。这是可以理解的。结婚之前，你们已经付出了太多努力，已经证明了你对对方的爱，也证明了自己配得上对方的爱，现在很想歇口气，把二人的关系调整到“自动巡航”状态。

但是不要忘了，“自动巡航”只适用于交通和路况恒定不变的情况，而在人生大道上，变化是不可避免的。还有一个事实是，在结婚之后，你们的感情风险不是降低了，而是升高了。在任何一件事上，不论是身体、情感的需求，还是财务状况，你们都是相互依靠的。所以，你必须得用心才行。如若不然，你的妻子或丈夫，或者是你的人生，迟早会对你亮起红灯。

2.矛盾是在所难免的

你们夫妻俩可能现在是夫唱妇随、水乳交融，但迟早你们的天赐良缘就会受到干扰。矛盾可能由彼此的家人或朋友引发，情况可能超出你的控制，或是因为你把湿漉漉的浴巾到处乱放……做好心理准备，把这句话牢记于心：谁对谁错无关紧要，重要的是两个人在一起。婚姻就像在高速路上开车，有时候你是挡风玻璃，有时候你是撞死在玻璃上的飞虫。

3.调整是必需的

矛盾是在所难免的，但只要及时做出调整，解决了矛盾，那么它就不会恶化成危机。如果你想要婚姻美满，我们的建议是，从一开始就要明白这样一个道理：在矛盾出现的时候（这是难免的），关键问题不是去争个输赢，而是站在各自的角度分析问题，找到共同点，然后做出相应的调整。

有时候，这么做就是意味着接受“勺子总要碰锅沿嘛”，然后把怨恨、愤怒、争强好胜的心收起来。《圣经·哥林多前书》中关于爱情有句名言，它教导我们，除了要有耐心、要仁慈之外，还要“不轻易动怒，不计算人的恶”。有些人将其解读为不要在乎谁对谁错。在1997年上映的电影《忠奸人》里有其另一个版本的说法，即“fugged about it”[①]。换句话说，夫妻俩有矛盾的时候，都别往心里去，而将其看作一个好机会来巩固你们俩的感情。把心中的不快抛诸脑后，致力于把婚姻经营得甜蜜美好，而不是苦涩酸楚。

4.牢记当初为什么要跟她（他）结婚

我有一个朋友，他跟我一样娶了一位比他年龄小，又聪明、强

① 此为电影台词，为意大利口音的英语，应为“forget about it”，意为“别多想，算了吧”。

势、直率的女人为妻。有一天，当着他们上大学的儿子的面，她因不喜欢丈夫的某些行为而对其大加斥责。在她发泄完毕之后，他平静地转过头，脸上带着微笑对儿子说道：“孩子，这就是娶了强势女人为妻的下场啊。”

我喜欢这个故事，因为它点明了婚姻中夫妻关系的本质——是我们自己选择了这个人，并与之结婚。正如我这位朋友，他娶了一个强势的女人，他知道这就意味着自己会有一位“悍妻”。他愿意接受今后她一有不满就大发雷霆的情况。他爱她强势的性格，并且不论祸福，他都会接受她。

我发现，在我和佳苗出现争执的时候，要是我能把注意力从矛盾本身移开，将其放在我爱的这个女人身上，那么问题很快就能解决。接着，我就会提醒自己，我曾发誓要给她荣耀，不论祸福都要给她呵护。与可能出现的不一致意见相比，我们的爱更重要；与争个胜负对错相比，我们的感情更重要。

我还会回想当初，那时我是个孤独的单身汉，而这个女人给我的人生带来了快乐。有了这种心态，还有祷告，都帮助我度过了一些身为丈夫的艰难时刻。也许对你同样有帮助。

5.类似情况大有人在

有时候，你也许搞不明白爱人到底在想什么。你也许不明白你们为什么会有矛盾，不知道自己做错了什么，不知道该如何摆脱争执。每当这种时候，你都会觉得自己无依无靠，毕竟，话说回来，你最爱的和正对你生气的是同一个人，对吧？

这时，你最好向人寻求帮助和支持。你可以去找亲人和朋友，但在去之前要先问问自己，你是否真的想把你们夫妻的矛盾和失望与外人分享。他们也许会选择站在谁那一边，而这样一来可能会有后患。

或者，你可以去找牧师、婚姻顾问、心理治疗师或其他一些专于婚姻问题的第三方人士谈谈。还有，最重要的，你得向上帝坦白，祈求他赐予你智慧和力量。其实，我的建议是，大家每天都要祈求上帝的指引和支持，因为婚姻是一个人生命中的重要组成部分。在问题出现的时候，你迫切需要得到帮助，也就该多做祈祷。记住，你无法改变你的丈夫（妻子），但上帝可以。但是，也许需要做出改变的那个人是你呢——在你自己尚未明白过来的时候，上帝早已看清了。

LOVE
WITHOUT LIMITS

爱情不设限

第十一章 从舒适区进入新挑战

第十一章

婚礼和蜜月结束后，我就变身成了一个有计划的人——家庭计划。我们打算先享受两年的夫妻二人世界，然后再要孩子。我和佳苗对这个计划十分激动，尤其是我的团队一直在筹划一次2013年的环球演讲，一共要去20多个国家。

多年以来，我一直都是独自环球旅行的，所以，一想到这次有了佳苗的陪伴，我就兴奋不已。OK，我承认，我是想带着妻子全世界炫耀一番，这也是人之常情嘛。

接着，我又经历了一次“谋事在人，成事却在天”。

5月，我们的婚礼刚刚过去两个月，我和佳苗跟大约50名中学生及其监护人在加利福尼亚州圣巴巴拉地区的洛斯帕德雷斯国家森林公园露营。虽说是露营，但我们的生活条件并不艰苦，在方圆55英亩的美丽的卡楚马湖畔，我们住在两个旅馆和19个林间小屋里。

这次活动是“态度决定高度”团队组织的，旨在培养孩子们的领导能力。活动期间，我跟营员们有大量时间互动。我们有工坊、讨论组、游戏，还有很多有趣的户外活动，如爬索道、爬墙、远足等。

此次活动旨在帮助年轻的营员们思考领导的意义，帮助他们发现自己的领导能力，并通过各种挑战来检测他们的坚强性格，让他们体验更深一层的自知和自信。

很不错吧?

在此次为期3天的活动中，我本应是演讲嘉宾、特约激励者和首席营员，但我没有想到，在活动中，我的性格坚强与否竟然会受到检验，我还被从心理舒适带里逼了出来，体验到了人生的巨大转折。

我们有孩子了

就在活动期间，佳苗隐隐有些不安，因为她的例假好像不准了。此前，我们一直到处奔波，参加研习班、研讨会、演讲，所以她希望例假不准时只是最近情绪太激动的缘故。

尽管怀揣这种希望，可她的例假晚了11天之久。回到家两三天之后，她就去药店买了验孕棒回来。我们还没打算要孩子呢。其实，我们一直是打算先不要孩子，所以她一直心里忐忑——直到验孕棒的结果显示出来。

佳苗回忆说：“我看见验孕棒上红色的线条，盯了好几秒钟，然后大叫一声‘不会吧！’验孕棒显示的，不是浅粉色，而是深红色，所以，这个结果并非模棱两可，而是准确无误的！”

佳苗从卫生间里出来，倚在走廊的墙上。我找到她的时候，她正攥着验孕棒，难以置信地盯着它。

“亲爱的，我们要有孩子了。”她轻声说道。

起初几分钟里，我一时无语，心里只有欢喜，泪水流了下来。我们俩拥吻在一起。

接着，我们开始考虑这个消息意味着什么，两个人都呆住了。我们回到卧室里，爬到床上，肩并肩并躺着，直勾勾地看着天花板。20分钟左右的时间里，我们俩都没有作声。我不知道佳苗怎么样，但我的脑子乱成了一团，只觉得心中有千言万语却哑口无言，跟短路了一样。

以下想法就像超音速飞机一样在我的脑子里飞速盘旋：

“上帝，我要当爸爸了。太不可思议了！”

“上帝，我刚签了一个合同，要去做4个月的环球演讲，还有8个月就要上路了！”

与此同时，躺在我身边的佳苗也是思绪万千。我甚至能听到她脑子里传来的滴答声、嗡嗡声、纷乱声、惊讶声、尖叫声……出人意料的是，她开口说出的第一句话竟然是："你跟卡拉说一声，让她赶快，我不想一个人怀孕生孩子。"

她指的是卡拉·米尔斯——我们的朋友，她是"态度决定高度"的首席运营官。她们俩商量好了"将来"一起要孩子。可是，我不用催卡拉了。当天晚些时候，我给她打电话，问她能否调整一下演讲的档期安排，因为它与我们孩子的预产期有冲突。我没有跟卡拉讲明原因，但她太了解我了，她从电话里听出了我的激动和不安，立刻猜道："佳苗怀孕了？"

"对。"我答道。

"太棒了！我也怀孕啦！"

分享喜悦

如果不是之前邀请了我的父母和妹妹来吃晚饭的话，估计我和佳苗的"僵尸状态"会持续一整天。佳苗得去准备晚饭了。

"今天晚上就告诉他们吗？"佳苗问我。

我觉得好像也没有别的选择了。在我们家里，我不擅长保守秘密可是众所周知的。（给大家提个醒儿：要是你打算去抢银行的话，可千万别跟我说！）

于是，我们就决定在晚饭期间向家人公布这个重大的消息。随后，佳苗开启了“时髦”的想象力，打算把这件事搞出点花样，让大家印象深刻。

“不如，你去定做一个蛋糕，一边是蓝色的糖霜，另一边是粉色的糖霜，怎么样？”她建议道，“这样的话，我们把蛋糕端出去、切蛋糕的时候，就问大家想吃蓝色的还是粉色的，看看他们能不能猜到。”[1]

下午，我定做了蛋糕，然后坐车去取。我离开以后，佳苗又做了一次验孕，以确定不会让大家空欢喜一场。结果显示是阳性的，所以我们的计划可以继续实施了。

佳苗的计划是，先让大家吃晚饭，然后，她就请我母亲到厨房去拿蛋糕。佳苗想的是，我母亲看到蓝粉两色的蛋糕，就能立刻明白是怎么回事，然后她就会冲到餐厅里，捧着蛋糕兴奋地大喊大叫。

我觉得这个计划行得通，因为我母亲是多年的产科护士和助产士，她只要看到蛋糕，一定会明白它的意思的。

可是事与愿违。

晚饭过后，佳苗请我母亲去厨房里拿蛋糕。母亲捧着蛋糕走了出来，将其放在餐桌上，说道：“你们吃吧，我不吃甜点了。我出去给草坪浇点水，有些干了。”

---

① 蓝色代指男孩，粉色代指女孩。

母亲就是这样一个人，她总是闲不住，她总是忙忙碌碌，手里的活停不下来。她是个老黄牛，可观察力实在太差。

佳苗看了看我，意思是“计划有变”！

现在大家知道了，我们俩所做的计划并不总是顺顺利利的。

眼看着妻子就要惊恐发作了，我赶忙制止了懵懂的母亲。“您真不吃甜点了？”我一边说，一边在脑子里搜刮着计策。

“不吃了。”她答道。

没办法，只好来硬的了。我花了3天时间训练了一群小领袖，现在我得展示一下自己的领导能力了。“妈妈，请您坐下来，歇一会儿吧。”我说道，“您能帮我们切蛋糕吗？您切蛋糕的水平比我高多了。”

她还是没听懂我的暗示和打趣，但她还是坐了下来，切开了蛋糕。（当母亲的总是这样，只要能为孩子做点什么，她们就很高兴。）

对我和佳苗来说，桌子上蓝粉两色的蛋糕简直是在高喊：“我们有孩子啦！”可大家似乎都浑然不知。母亲干净利落地把蛋糕切成块，又站起身来。显然，她又要去执行浇草坪的大任务了。

眼看已经没有办法留住她了，我大喊一声：“妈妈！坐下来跟大家聊会儿嘛。”她一直都是喜欢跟家人相处的。

她又坐了下来。我要想办法把暗示弄得简单一点才行。这时，除了母亲，大家都在埋头吃蛋糕。

“妈妈，你不想吃也没关系。不过，要是你打算吃蛋糕的话，你会选什么颜色呢？蓝色还是粉色？”我问道。

“蓝色。”她答道。

鸦雀无声。

这暗示几乎已经变成明示了，可还是没人听懂！

我们俩瞅着母亲。

母亲瞅着我们俩。

最后，我终于放弃了。我转头对佳苗说：“跟他们明说了吧？”

“你来说吧。”佳苗说道。

“不，还是你说吧。”我说道。（其实我是怕自己会忍不住哭出来。）

最终，还是佳苗开口了。上帝保佑她。“其实，看见我们买了这个蓝色和粉色的蛋糕，你们就该明白是怎么回事了。可是，你们都没猜到呢……”

“你们，有孩子了！”母亲大喊一声。她终于反应过来了。

父亲的脑子反应更慢：“什么？啊？你们什么？”

妹妹米歇尔已经站起身，跳起舞来。她上蹦下跳，欢快地大叫不已，母亲也加入了她的行列，跳起了塞尔维亚吉格舞（要是真有这么一种舞蹈的话）。

OK，我承认，我哭了。

他们太高兴了！我们太高兴了！

我要当爸爸了！

孕期感悟

就是这样，在我得知自己要当爸爸之后，仅仅过了10个小时，我们就把这个消息告诉了家人：家里的第三代即将来到！这是一个欢乐的时刻，也是我一生中最温馨的时刻。父母、妹妹跟我美丽的妻子共同庆祝的样子，是我永远都要记在心里的天赐恩宠。

当天晚上，家人都告辞离开，我们上床睡觉。佳苗依偎在我的身旁睡着了，我却回想着自己一步步从恐惧、不安、孤独中走出来，到结婚，到现在即将身为人父。我记不清第一次跟父母说有一天我也要有孩子这件事是在多大的时候了，但我记得，每次谈到我的这个梦想，他们的回答总是带有疑虑、小心翼翼。

“力克，我们都不知道你能不能生孩子。”母亲说道。

听到这句话，我有些伤心，因为尽管没有四肢，我还是希望别人能把我当成正常人看待，有同样的欲望、梦想和能力。我也希望父母能这样想，可长大之后我才能理解他们的劝告是什么意思。

我的出生给了他们极大的震撼，母亲过了好几个月才从悲伤之中好转过来。他们起初根本不知道该拿我怎么办。于是，他们就把他们自己及其“独一无二”的儿子交到了上帝手里，因为他们深信，他们薄弱的地方，上帝是强大的。

他们给我灌输了同样的信仰。我当然也有过挣扎的时候。随着我身体残障的事实一天天刻进我的心里，我也陷入了悲伤。我不得不接受一个现实，那就是有很多正常的事情我都无法做到，而这是很难让人接受的。青少年时期尤为艰难，我常常受人欺负，别的孩子都躲着我。青少年时期，被人接受和合群是很重要的事，而我却像个异类，不论我怎么努力，都绝不可能像别人一样。

孤独的单身生活似乎永无尽头，可上帝把佳苗送到了我的身边。时光流逝，我们相爱了，我们结婚了。现在，刚刚结婚几个月，佳苗怀孕了。上帝赐福给我们，给了我们这个孩子。我简直不敢相信这一切都是真的。

期待孩子健全

我曾读到过，上帝是不睡觉的。这是件好事，因为，要是他也睡觉的话，那么自从我们发现有了孩子，他就一定会被我和佳苗的祈祷吵得无法入睡。我们向上帝祷告，感谢他的恩宠；我们向上帝祈祷，希望孩子不要像我一样。

发现怀孕之后，我们立刻就找医生咨询了这件事。医生说，我的孩子没有四肢的可能性是极大的，但这并不是最惨的事。假如真是如此，对这样一个孩子来说，还有比我和这个爱我的女人更好的父母吗？除此之外，我觉得没有四肢并不算什么大问题，只要有决心、有信仰、有家人的支持，就不是无法应对的。

我和佳苗详细讨论了这个问题。我相信，上帝创造了我，是让我当他的信使，向芸芸众生传达希望，尤其是那些身有残疾，特别是四肢不健全的人。我出生的时候，我的父母简直心惊胆寒、悲伤欲绝，他们不知道我能不能像正常人一样生活。事实上，他们几乎已经确定要照顾我一辈子了。

他们之所以看不到出路，是因为他们从来没有见过像我这种情况的人。在环游世界时，我迄今为止只见过24个跟我相同情况的人，男人、女人、孩子都算在内。我曾见过很多退伍的伤兵和事故受害者，他们或者四肢全无或者缺胳膊少腿。能给他们安慰和希望，让他们相信自己能活得充实而有意义，是最令我感到快乐的事。

当初，如果我的父母能认识同样有我这种孩子的父母，并得到他们的指导和帮助的话，他们的悲伤和恐惧将会大大减少。如果有个相同情况的人供我借鉴和学习的话，我的生活将会轻松、简单很多。每当有人问我是否担心儿子会生来没有四肢时，我的回答是，只要我的儿子爱上帝就足够了。我宁愿他没有四肢，也不愿他的人生里没有上帝。

很多孩子都是带着身体或精神的障碍或是其他健康问题来到世上的。我不是假装知道上帝对他们每一个人的安排是怎样的，但我知道，他们每一个人都有各自的价值和目标。当父母吓人吗？是的。孩子要是有残疾或健康问题，是不是更可怕？当然。但是，随之而来的还有福气。我的父母也许有一天也会写本书，说说他们在经历了最初的挣扎之后，在抚养残疾孩子的过程中所遇到的困难和收获的欢乐。他们还会讲到，因为共同应对我的障碍，他们拉近了与上帝的距离，也加深了信仰。

如果你是这种孩子的父母，或者，如果你生来身体带有残疾，我要给你们鼓舞和支持。更重要的是，上帝是你最强的依靠。我还想帮助那些怀孕有难度的夫妻，虽然医学日渐发达，但还有一些人无法领受上苍的恩宠，不能生育，我会为你们的努力给予鼓舞和支持。

最近几年，我认识了很多通过领养有了孩子的夫妻。他们通过这种方式收到了上帝的恩宠。我的朋友、住在菲尼克斯市的安迪·亨德里克森和李·亨德里克森夫妇，他们领养了3个身有残障或有残障隐患的孩子。他们的行为给了我巨大的鼓舞。我曾去过世界上很多个孤儿院和养护机构，但亨德里克森夫妇让我更加清晰地认识到，这个世界需要更多有爱心、有同情心、有信仰的养父母。

在孤儿院和养护机构里，有成千上万的儿童。我曾见过养父母给这些孩子带来的身心康复和心理转变，而在此前，他们一直觉得自己是被遗弃、被厌恶的。我那些领养了孩子的朋友都说，如果不是他们，那些孩子也许永远都不会对人有信任感、生活得不安定。而通过向孩子们敞开心扉、敞开家门，养父母们的人生也发生了改变。

在我眼里，这些有爱心、有同情心的养父母都是伟人。他们相信，上帝的完美计划一定能够成真。他们知道，所有的孩子都是上帝的儿女。我鼓励所有夫妻都能以开放的胸怀看待“领养孩子”这件事。我无法想象不能拥有自己的亲生血脉是多么令人伤心的事，但我曾见过一些人快乐的样子——他们响应了上帝的号召，为缺少父母之爱的孩子们带去了奇迹。

每一条生命都是上天的恩赐，生命中的每一个时刻都是你的珍宝。苦痛是生活的一部分，但快乐也是无穷无尽的。如果你追寻快乐，你就会找到它，它也会找到你，并帮助你减轻伤痛。我了解那种消极经历，我通过每天祈祷，并接受周围人的爱而走出了人生的阴影。只要是我能帮上忙的地方，请尽量找我。事实上，我认为这正是我活着的意义。

孕期检查

佳苗怀孕之后，有人建议我们去给胎儿做个基因检测，但我们觉得，无论孩子是什么情况，都没什么不同。我们想要这个孩子，我们知道上帝想让我们留住这个孩子。佳苗则更明智一些，她说很多孕期检测都不准确，那又何必去做检查，搞得人心惶惶呢。当然，这完全是个人决定。如果出于某种原因，你认为应该给胎儿多做几项检查，那就去做好了。我们的建议是，多读一些相关资料，多跟医生交流，对各种必要和可选的孕期检查有所了解。

要是家里有医学专业人士，建议大家将其当作顾问。他们大都愿意给你提供指导。我母亲就是这样一个人，她曾做过多年的助产士，还亲自生育抚养了3个孩子——尤其是我这个“棘手”的家伙。

孕妇的激素水平会不断提高，由此会带来很大的紧张感，所以佳苗建议广大孕妇务必多了解一些孕期知识。

孕妇应该尽量学习孕期知识，但是也要明白，很多网站、书籍、文章都会谈到很多意外情况，因为它们要阐述的是怀孕、分娩的所有可能性。所以，在阅读此类文章时，你很可能会被吓得够呛，连肚子里的轻微动静都担心不已。大家要记住，孕期里无论出现什么情况，医生都会处理好，能指导你顺利分娩。我知道“别担心”这句话说起来很容易，但要相信自己的身体不会有什么问题需要巨大的信念。我很幸运，因为每次我担心、忧虑的时候，力克的母亲杜什卡，还有妹妹米歇尔（她也是个护士）都能给我帮助。她们使我安心，缓解了我的恐惧。

我们在佳苗孕期里的目标是，只做必须要做的事，绝不节外生枝，以此来减轻佳苗的压力。当然，还有我的压力（我仍然是家里“棘手”的家伙）。我们去了一所高风险孕期诊所做了检查，想确定胎儿是否在正常发育的过程中。考虑到母亲怀着我时的经历，我们还做了很多超声波检查，其中包括三维胎儿超声检查。检查显示一切正常。佳苗则开玩笑说，仅仅是我们拍的这些超声波照片，就足够放满一本相册的了。

哪怕是在佳苗做了所有必须要做的检查，确保一切顺利之后，我们也不打算将怀孕的消息告诉直系亲属之外的人。大多数医生都建议说，在怀孕的前13周之后再向外公布这个消息较好，因为在度过这段危险期之后，孕妇流产的可能性就会大大降低。而在像佳苗这样健康的女性身上，流产的可能性更是微乎其微。

我们激动万分。最后，我们还是把怀孕的事跟大家都说了。这么说吧……好消息真的比坏消息传得快。

长大之后大家都会明白，在家人之间各自保留一些秘密是很重要的，因为你不知道说出去之后会有什么后果。我和佳苗明白大家为什么会如此激动，如此为我们高兴。我们的孩子是两个家庭里首个第三代。我们感激他们的情谊。在我们身上，一切都是那么顺利，对此我们同样心怀感激。

对那些正准备要头胎的夫妻，我们的建议是：在对外透露消息时务必谨慎，因为消息的传播是无法控制的。当然，这件事如何处理完全取决于你们自己，我们也很理解你们快乐的心情——恨不得立刻爬到屋顶上向全世界宣布。我们曾读到、听说过，很多夫妻在怀孕期间困难重重，所以，首次怀孕就如此顺利，我们俩的感激之心无以言表。

我原以为婚礼日那天对妻子的爱已经达到了顶点，但自从她怀孕之后，我们好像愈加亲密了。这种感觉真是棒极了。佳苗第一次做超声波检查的时候，检查室里就像开party一样，大家都喜气洋洋、兴高采烈。

我原以为会看到一个像黑点一样的小块儿，可没想到我在屏幕上看到了胎儿的影像。他真是太漂亮了！我能看到这个小家伙的脑袋，还有小胳膊、小腿儿。我流泪了，力克也是，我们太高兴了，都狂喜地大笑不已。我除了高兴什么都记不清了。只记得力克的母亲也在场，她一边用手机拍着屏幕上胎儿的影像，一边随我们一起大笑。

除了超声波检查，我们再没有做其他任何意在预先发现儿子可能患有残疾的检查项目。不论他是什么情况，我们都会全心全意地接受他。我们并不担心孩子会没有四肢，但在屏幕上看到他的手指和脚趾的时候，我们都很兴奋，也长舒了一口气。那是一个不可思议的欢乐时刻。检查人员对胎儿的头和身体做了检查，然后告诉了我们预产期——2月12日，正是我们第一个结婚纪念日！太神奇了，对吧?

太离奇了，因为这一切都发展得太快。那时，我已经完全明白了自己要当爸爸这个现实。与此同时而来的还有，我要在孩子刚刚出生就踏上一段为期4个月的环球演讲。

要孩子的时机

怀孕的消息所带来的欢乐还未消散，我和佳苗就迅速意识到——我们对“身为父母”这件事几乎毫无准备。另外，我们的二人世界还有短短数月就要结束了。还有一个现实情况：佳苗原本计划要跟我一起去做环球演讲，我们要访问包括东南亚和拉丁美洲的国家，以及佳苗的故乡墨西哥在内的24个国家。

所以，我们都隐约觉得这个孩子来得不是时候，但出于多个原因，我们拒绝这样想。我们把这个孩子看作一个天赐之福，特别是在知道很多夫妻在努力了很多年才有了孩子之后，我们尤其珍惜他的到来。想要孩子却迟迟无法怀孕，在任何夫妻身上都是极其痛苦的事。所以，我们绝不会抱怨孩子来得不是时候。我们的感激之情无法衡量。

很多经验丰富的爸爸们曾告诉我，要想说孩子来得不是时候，你总能找到一个借口。生孩子是人生的一个巨大转变，会给你的生活带来巨大的破坏、混乱、经济压力、健康损害，会挑战你们的耐心、考验夫妻之间的感情。大家这样想：你们夫妻的生活中突然冒出来一个人；这个小东西整天哇哇大哭，搅得你睡不好觉；他（她）总是索求无度，还要成为全家人关注的焦点；你得为他（她）提供衣食和照顾；他（她）还赖在你家里不走——至少得18年！

这种事哪有“来得是时候”的时候呢？

当然，我这是在开玩笑。不过，这玩笑也是有道理的。有人也许会说，要孩子从来就没有什么“最佳时机”。可反过来说，对一对想要孩子的夫妻而言，任何时候都是“最佳时机”。你的借口是什么？房子不够大？存的钱不够多？事业正在起飞？家里没有婴儿车？没买婴儿床？

当然，我建议大家在有了坚实的经济基础和安全的家庭之后再养育孩子，但你也得有点信念。你不能等着“最佳时机”到来时再要孩子，因为“最佳时机”可能根本就不存在。像大多数首次为人父母的人一样，我和佳苗也是毫无准备的。但在发现怀孕之后，我们就迅速接受了这一现实，并竭尽所能做好应对措施。在上帝的支持和指引下，我们为迎接这个上天的恩赐而做好了准备工作。这事如果发生在你身上，你也会是这样的。

准备迎接一个“计划外”的孩子的到来，这件事是很吓人的。但有很多人——不论是夫妻二人还是单身父母——都在比我们少的资源和帮助下圆满完成了分娩。也许你得做出一些牺牲，也许你得放弃或调整某些计划，也许你得把家里的跑车换成SUV，也许你得把你的小天地改成儿童卧室……但我保证，这些你都能做到。

我和佳苗需要做很多调整。有些调整起初我们是不大情愿的。有那么一小段时间里，我们俩觉得可以带着婴儿一起去环球演讲，甚至还为此购买了一个旅行婴儿床和一个可以在飞机上使用的婴儿座椅，还有其他一些设备和装备。但很快我们就意识到，此行的压力和紧张度是母亲和婴儿都无法承受的。

我们一起祈祷，虽然合同已经签了，场地已经租了，门票已经卖了，承诺已经做了，但我们还是希望能取消这次环球演讲。但是很多人都盼着见到我，所以我决定要像个男子汉一样，在孩子出生的前几个月里，我只是偶尔回趟家，其余时间则是通过电话、网络或视频电话跟他们联系。

与佳苗所做的牺牲相比，我这点牺牲简直不值一提，这一点我们都知道。我们竭尽所能做好准备，并在我们力不能及的地方祈祷上帝的帮助。而佳苗感到，上帝给了她一个轻松的孕期。当然，这句话从我嘴里说出来似乎没什么说服力，因为我的肚子里没有经历那段剧变，但信不信由你，佳苗是很同意我的说法的。

整个孕期我的状况都很平稳，感觉也很好。但我后悔没能利用孕期这段时间多休息休息，多思考一些事，多吃点好吃的。我很珍惜孩子没来之前跟力克的二人世界。我们原本想的是好好享受两年的二人世界，然后再要孩子。可是事与愿违，上帝对我们有另外的安排，我也很感激上帝赐予我们这个孩子。虽说怀孕生子以后，我一连好几年都没能好好享受生活，但对此我并不在意。这么说大家能理解吧？

所以，对怀孕这件事我并不后悔。但对其他女士而言，如果你也有类似的情况，还没有怀孕的打算，那么我建议大家每天（至少是每星期）都拿出一点时间好好享受一下。珍惜这些属于你自己的时间，泡澡、淋浴、去海滩玩、读本好书、看一部好电影……

之所以这么说，是因为一旦有了孩子，你就再没有机会享受独处的时光了。说实话，孩子降生以后，我很感激能有这么一个小生命去宠爱。我的母性被激发出来，我的注意力全都转到了照顾他上面去，这是一个很自然的转变。但是，我建议大家，趁着还有机会，好好享受平静的时光，因为一旦孩子降生，这样的机会就不多了。

我很幸运，没有晨吐的困扰。我的精力比以前好了很多。我喜欢园艺，力克的母亲杜什卡也是。有一天，我们俩在院子里拾掇花圃。力克和家里几个男士都很担心，说我不该跪在地上挖土、种植，但杜什卡很维护我。她说：“只要她觉得能行，就让她做嘛！”她跟我说，别让他们觉得我很娇贵，怀孕的女人要比人们想象的强悍得多。女人很强的！所以，如果你想多活动活动，而医生又没有给你什么限制的话，那就不用怕！

怀孕的前六七个月，医生觉得我体重增加不足，还有点缺铁。可说实

LOVE

WITHOUT LIMITS

爱情不设限

第十二章 ^^

由于产房里的事都是佳苗完成的，所以这部分内容还是让她来说吧。

时间来到2013年2月12日——我们结婚1周年纪念日，也是孩子的预产期。双方父母、我姐姐和我的外婆都来了，准备迎接孩子的降生。可这小家伙明显没接到通知：除了一点腹痛和宫缩，肚子没什么动静。

我按照预约去见医生。她为我做了检查，说已经扩到4厘米了。我们俩都很惊讶，因为在分娩的3个阶段里，这已经标志着我来到第2个阶段了。因为我还没开始阵痛，所以医生就给我两个选择：要么住院待产，要么回家休息。我担心一旦住院，他们就会用药物帮我催产，而我们想尽量避免对自然生产的干预，所以我就回了家。

回到家里，我收到了一大束花——这是力克买来庆祝我们结婚周年纪念的。我们度过了美好的一天，与家人一起庆祝，等着家里第一个孩子的话，我一点都不觉得慵懒贪睡，也没有像其他孕妇一样对某些食物和气味产生不良反应，也没有特别想吃什么东西。

可这些情况却发生在力克身上了，对吧，力克？

真的，我坦白。在佳苗孕期将尽时，我突然变得特别喜欢吃配着牛奶的巧克力威化饼干。小时候，在澳大利亚，我一直很喜欢吃巧克力威化饼干，但成年之后我才发现，其顶级吃法应该是咬掉两头，然后把一头浸到牛奶里当吸管！真正古怪的是，虽然我很喜欢吃巧克力威化饼干，但直到佳苗怀孕，我才真正喜欢上喝牛奶。我发现，即使没有巧克力威化饼干，我也爱上了喝牛奶。直到今天，我还保留着喝凉牛奶的习惯，尤其是在晚上睡觉之前。这事儿很奇怪，但是千真万确！

LOVE WITHOUT LIMITS

爱情不设限

第十二章 我们对希望的探索

降临。下午6点左右，我在浴缸里泡澡休息，这时感到了强烈的宫缩。晚上11点，我就上床睡觉了，以为在去医院之前还能在家好好睡一觉。可事与愿违，我腹痛得厉害，不仅无法入睡，甚至思考都不连贯了。

力克的母亲是位经验丰富的护士兼助产士，她没有睡觉，在陪着我，其他人则都去睡觉了。最后，我们把力克、我母亲、佳慧及我的外婆一一叫醒，因为他们想陪着我去医院。天气很冷。杜什卡先是把车里的空调打开，把座椅加热，然后才让我上车，朝15分钟车程之外的西米谷市基督医院驶去。

医生们又给我做了检查，我还是处于分娩的初期。于是，他们就让我散步——很多生过孩子的女士都熟悉这个套路。我穿着病号服，拖着吊瓶架，在医院走廊里来回溜达，从午夜一直到第二天早晨6点。此举的目的是让胎儿下坠，并调整到最佳分娩姿势。这个散步可跟平时在公园里的散步不同。胎儿坠得我后腰发疼，感觉就像有人在拿点焊枪烧我的脊椎一样。

母亲一直陪着我，为我按摩后背。力克也坐在电动轮椅上陪着我，我走累了就坐在上面休息片刻、喘口气。可每一分钟过去，火辣辣的疼痛都在加剧。佳慧把这一切都看在眼里，叹道：“我可不想要孩子！”

我做了从分娩课上学来的呼吸练习，但没什么用。家人都在旁边，可随着时间推移，我已经疼得走不了路了。我觉得自己是处在生死边缘，那时我根本不想什么漂亮的婴儿了，只盼着这事儿能快点结束。

此前，我跟很多孕妇一样，都倾向于自然生产，在分娩过程中不使用止痛药剂。当然，这些天真的想法是在开始阵痛之前才有的。那时，我只想立刻、马上接受全身麻醉！所以，我给其他孕妇的建议是，千万不要逞强。你会接收到各种各样有道理的知识，但最后选择权在你身上。可是，真到了痛不欲生的地步，你又哪里顾得上享受把一个新生命带到世上的快乐呢？

分娩方式的选择

怀孕期间，我看了一部名为《话说分娩》的纪录片，它提倡孕妇采用自然分娩的方式，甚至是在家中、在助产士的帮助下实施水中分娩。这部纪录片对妇产医院持否定态度，认为他们把生孩子当成了商业行为，而对孕妇和婴儿缺少关怀。其论点之一就是，这些医院往往追求快速分娩，他们的医生常常建议剖腹产，因为这样他们的工作难度和工作量会小一些，责任也少一些。这部纪录片的观点是，医院眼里只认钱，而忽视了孕妇的照料和体验。

很多医学专家也有同样的观点，他们认为高额的医疗事故保险和医院对利润的追求，导致了太多的剖腹产，增加了孕妇分娩的成本。他们中的大多数人都建议说，在选择妇产医生和医院时务必慎重。大家可以跟家人、朋友商量一下。不论是在医院分娩还是在家分娩，决定权在你。但是，大多数医生都会告诉你，若是选择在家里分娩的话，如果在分娩过程中出了什么差错，就很难得到必要的急救和专业护理。

孩子出生

怀第一个孩子期间，我对医生、对医院的感觉有好有坏。有时候，我的确觉得我的医生催得厉害，但大多数护士都很好，她们很有同情心，也很专注。还有，我一直尽量避免使用药物。我头疼的时候，除非实在受不了，我连阿司匹林都不吃。

随着慢慢进入分娩状态，你立刻就会发现，原来你的忍痛能力是如此不堪。大家的情况各不相同，但我的计划在分娩开始那一刻就变了。有人说麻醉药会加大分娩的难度，因为它会影响产道发力，但最后我想，既然上帝让人类发明出了止痛药，那么在必要时刻我是不会拒绝使用的。

糟糕的是，产科的麻醉师下班了，而他从家里赶过来需要45分钟时间。要是我能动用医院的急救直升机把他接回来的话，我早就那么做了。我疼得死去活来，看到他走进门来，我终于有了解脱的感觉，顿时大哭起来。就在他把针尖扎进我的后背时，我肚子里的孩子开始动了。他这一动，再加上麻醉药的效果，我的感觉好了很多。接着，我睡了两三个小时。其间，力克一直陪着我。上午8点，我醒了过来，而胎儿已经准备出来了。

羊水破了以后，他们就把我送进了待产室里。护士引导着我做了45分钟的发力练习。其间，医生在给前一个产妇接生。护士们都很好，她们为我涂油按摩。这时，医生回来了，我们又谈了一会儿，我说孩子生下来之后就把他抱到我的身上。我曾读到过类似文章，这么做对大人和孩子都有好处，我喜欢这个说法，可后来计划再一次落空了。

分娩过程很快，但是说实话，下次再生孩子，我可不想让这么多人陪着我，因为太痛苦了。孩子的身子比医生预想的大一些，出来得有些困难。所以，家人都想在产房里陪着我，但是我想，下次我只要丈夫一个人陪着我就足够了。清志是家里的第一个第三代，所以大家都格外重视。

总之，当时非常感人。孩子出生的时候，我分不清丈夫和外婆到底谁哭的嗓门更大。

开玩笑的。其实力克比我外婆安静多了，但他也掉了眼泪。接着，最美好的时刻到来了——儿子出生之后，医生把他抱在臂弯里，说："嚯，这孩子可是个小巨人哪！"就在那一刻，儿子睁开眼睛看着力克，他们父子俩就那样深情地对视着。

下面，还是让力克说说他当时的感受吧。

以前我常常会想，第一次见到我的孩子会是怎样的情景。现在我可以告诉大家，那简直太不可思议了。佳苗生孩子时，我们都激动不已，同时又担心她和孩子的状况。看到孩子的头和肩膀露出来时，大家都高兴坏了。孩子整个生下来时，我已经是泪流满面。随后，医生剪断脐带，将他抱在臂弯里。

我曾听说，新生儿只能看见面前大约30厘米范围内的事物，而他睁开眼睛的那一刹那，我距离他有60厘米左右。他的眼睛是我见过的最蓝的。大家齐声说道："他看见他爸爸了！"

那一刻，我想的是：天哪，他看进了我的灵魂深处。我屏住了呼吸。在我们俩深情对视的时候，时间仿佛都停止了。这是无与伦比的体验，是奇迹。接着，护士把他抱走，给他称重、清理干净身上的污物。虽然只是一会儿，可我觉得过了很久，她们才把他抱回来交给佳苗喂奶。

父亲抱起我的儿子——他的长孙的时候，那又是一个特殊的时刻。我从未见过他如此高兴。自从当了爷爷，他的欢乐似乎又升了一级。看到父亲的样子我很高兴，不亚于我当上爸爸的快乐！

OK，请佳苗继续往下讲。

护士抱清志去称重、清理、量身高［约4千克重，约55厘米长］，感觉好像过了很久才回来。另外，在分娩过程中，由于清志的肩部过大，在产道里卡了一下，护士们还给清志稍做了检查以确保他没有问题。在他们离开的这段时间里，我心急如焚，因为我想立刻让他伏在我的胸前。终于，护士把他抱回来了。这时，他身上的污物已经被清理干净，全身光溜溜、粉嘟嘟的，肤色鲜亮。他太漂亮了！

大家立刻围了上来，边看边判断孩子长得像谁。这件事很有趣，也挺有难度，因为他身上同时具有日本人、墨西哥人和塞尔维亚人的基因。我的家人认为，孩子继承了我亚洲人的眼睛，但下巴和耳朵长得像力克。那时，我觉得孩子的样子25%像日本人，25%像墨西哥人，50%像塞尔维亚人。但大家都知道，随着孩子慢慢长大，他们的变化会很大。清志刚生下来的时候，眼睛是蓝色的，但现在已经变成深褐色了。

我们的儿子不仅在外表上具有混血儿的特点，我们给他取的日本-塞尔维亚名字也反映了这种特色。他的名字是“清志”，用的是我父亲的名字。我很高兴，因为力克也愿意让儿子继承我父亲的名字以作纪念。后来，我给远在日本静冈市的祖母打电话，跟她说了孩子名字的事。她高兴地哭了起来，一再向我表示感谢。

“清志”这个名字用在我们的儿子身上是非常贴切的，因为我们听说，这个名字的意思是“迸发希望”。当然，在孩子出生以后，我们又陆续听到很多日本朋友对这个名字的解读，我们对其多个意义都很喜欢，其中包括“天真的灵魂”“拜访天堂”“美丽的树”等。①

产后不轻松

我要给广大即将当妈妈的姐妹们一个建议，那就是尽早对孩子出生之后的生活做好心理准备。很多人都是把注意力放在了怀孕和分娩这两件事上，无暇考虑孩子降生之后可能面临的艰难困苦。

我原以为孩子带来的快乐能激发我的精神，这样产后恢复期就是小菜一碟了。但是很抱歉，不是这样的。与大多数新妈妈相比，我的产后恢复期并不算难过，而大多数身为人母的人都会跟你说——产后恢复期比预想的要艰难得多。

当初，我毫无准备，由于伤口缝线和产后一系列问题，产后第一个星期里，我连坐起身来都很困难。母亲和婆婆一直都陪在我身边帮我，我很感激她们（出院后，母亲又陪了我4天时间）。但是，即便有了她们的支持和帮助，我也过得很不轻松。所以我对大家的建议是，千万不要逞强，

① Kiyoshi取的是日文发音，其对应的日文名字有很多，故有多个含义。

从医院回到家里之后的前一两周时间里，尽量寻求身边人的帮助。

调整产后情绪

在经历了顺利分娩、见到新生儿的快乐之后，新妈妈们立刻就会体验到产后的低谷——既有精神上的，又有身体上的。我想，这就是刚刚变成父母之后的福祸双至吧。有些经历我就不在这里详述了，因为我不想给想要当妈妈的女士们泼冷水。话虽如此，我还是希望能帮大家做好心理准备，安然度过产后这段艰难迷惑的时期。分娩之前看书时，我真不该略过产后的那些负面信息，因为我不想把产后恢复期看成是痛苦而苦恼的事情，而其结果就是，我对此毫无防备，大受其苦。

因为分娩既有顺产，又有剖腹产，既有一切正常的，又有出现并发症的，所以，你的经历可能与我大不相同。[①]我在分娩时出现了一点并发症，虽然没什么大事，但比我预想的要可怕得多，也痛苦得多。对我而言，产后恢复期一点都不好过，对绝大多数新妈妈们来说也是一样。

生孩子也许是件很自然的事，但我们的身体在此过程中要经受巨大的挤压、磨损和消耗。然后，医生会告诫我们说，在产后恢复期里，可能还会出现下身出血、产后抽筋、盗汗、便秘、痔疮、疲倦、背痛、乳房胀痛、漏奶等问题，更不用说分娩的伤口残留的疼痛了。

新妈妈们应该做好准备，产后你要面对的，是疼痛的身体，匮乏的睡

---

① 分娩时产妇及胎儿都处在高危状态，可能会产生一些意外，出现并发症，如胎膜早破、脐带脱垂、产后出血、子宫破裂、羊水栓塞等。

眠和折腾不休的婴儿。新生儿一点都不让人省心。我选择了母乳喂养，它带给我的是身心双重痛苦。在初为人母的快乐之余，我有时候会禁不住自问：这种日子什么时候是个头哇？

我想，产后缺的睡眠是永远都补不回来了。我曾听说过“产后忧郁症”这个词，但我怀孕生子十分轻松顺利，所以我觉得产后忧郁症不会发生在我身上。可是没那么幸运！我本来不爱哭鼻子，可这孩子搞得我天天哭。连续四五天时间里，我的泪腺格外发达和敏感。由于产后激素失调，一点鸡毛蒜皮的小事带给我的感触都是以前的十倍之强烈。

有一次，力克想把他从新生儿课堂上学到的喂奶姿势教给我，可我气得差点把他的头拧下来。可怜的家伙，他只是想帮帮忙而已。我把他吓坏了，他之前从未见过如此狂暴的佳苗呀。不过还好，他知道这是激素在作怪，不是我的本性。

产后激素水平会大幅下降，因此产妇的情绪会变得很不稳定，并且会觉得以前的正常生活和身材再也不会有了。疼痛、不适、缺觉，再加上产后抑郁，我们能平安熬过产后那几周时间，简直太不可思议了。

跟很多新妈妈一样，为了顺利度过产后恢复期，我得放松下来，把眼光放长远一些。我不断提醒自己，以后的生活不会总是这样子的，这样想真的很有帮助。一个朋友对我说，在她感觉忧郁、泪流不止的时候，她丈夫就劝她换个思路想一想，想象自己是在观看一部悲剧电影——制片商和导演不是“科恩兄弟”[①]乔尔和伊桑，而是“激素姐妹”——雌性激素和孕酮。

---

① 科恩兄弟，即乔尔·科恩和伊桑·科恩，美国当今最声名显赫的独立制片旗手。哥哥乔尔是导演，弟弟伊桑是制片人，两人合作撰写剧本。

这个办法不错！它真的帮我从消极和悲伤中走了出来。我跟自己说，大部分新妈妈都有过这种经历，这也是为得到我们可爱的儿子所付出的小小代价。跟很多新妈妈一样，在生孩子之前，我喜欢做什么就做什么，布置房子、拾掇花草，别人干活的时候也愿意去搭把手，可一个嗷嗷待哺的新生儿可不管妈妈是不是有别的事情要做。

我的建议是，对自己宽容一点。把注意力放在孩子身上，别老想着把自己、把家里、把花圃弄得完美无缺，即便恢复不到生孩子之前的正常水准，也没什么大不了的。我很幸运，因为在生孩子时没有工作或未完成的学业。否则的话，我的压力会更大。女人总是给自己很大的压力，极少有放松的机会，所以，可以借产后恢复期好好休整一下。

我也不想成为别人的负累，但这里要再强调一遍，产后恢复期找人帮忙是天经地义的。你要是太累了，对孩子也没有好处。母亲离开之后，我知道，只要需要帮助，我就可以找力克的母亲来帮忙。虽说如此，我还是尽量自己的事情自己做。在这件事上，我鼓励广大新妈妈们尽量依靠周围人的帮助。

孩子睡着的时候，我可以好好享受一下，如小睡片刻、洗个淋浴、上网看看邮件或Facebook等。产后恢复期的妈妈们需要学会自找乐趣，即便只是在阳光下的院子里散散步也是很好的放松方式。我饭量不大，所以我在零食方面控制得很好，并保持定量摄入肉食。新妈妈们——尤其是选择了母乳喂养的产妇——很容易会控制不住食欲，导致能量和血糖水平升高。

跟很多孕妇和新妈妈一样，我也掉入了“超妈”陷阱，妄想事事完美无缺。因为我们是在美国加利福尼亚州居住，所以可以接触到最新、最时髦的高科技育婴产品。当初，我就想要以最自然的方式分娩——当然也得是最安全的方式才行。孩子出生之后，我又想给他用有机纸尿裤、环保婴儿车、儿童安全座椅等。

其实，在这段时期，你只需要跟着常识和母性走就可以了。至少我是这样做的。身处抵抗力脆弱的时期，你若想成为完美的妈妈，只会加剧压力。所以我认为，只要能让孩子（还有我和力克）吃饱穿暖、安全快乐就足够了。

享受亲密接触

孩子刚出生的最初几天，不论是在医院里还是在家里，我感到最快乐的时候，就是看着儿子跟他满脸自豪的父亲在一起。清志出生之后，我们回到病房里，力克在我身边躺下，让我把孩子抱到他的胸口上。力克的心跳比常人快一些，并且，由于没有四肢散热，他的身子总是很暖和。清志似乎很喜欢趴在力克胸口上感受那种温暖的感觉。

力克也很享受跟孩子亲密接触的时刻，甚至都不愿让护士抱儿子去洗澡。他保护孩子的欲望很强，甚至都不愿让他注射疫苗，因为他不愿让孩子刚生下来就被针扎疼。这时，我只好暂时接管权利，打出“妈妈说了算”的王牌。

以前在家的时候，力克总是忙忙碌碌，一刻也停不下来。家里到处都是他的身影：不是戴着蓝牙耳机打电话，就是用笔记本开网络视频会议。他总是在忙公务，跟雇员和顾问商讨、安排演讲活动，寻找业务机会和项目。而有了清志之后，一切都变了。力克早已安排好一次环球演讲活动，所以，他想在动身之前多陪陪儿子。而看着他们父子俩在一起的样子，我感觉很甜蜜。

第一个麻烦

能顺利生下儿子并把他带回家是件极好的事，我们也为能有这样一个孩子而心怀感激，但最初的几周时间真的不好过。有时候，真的是压力重重。我想跟大家实话实说，这样的话，在你准备要孩子时，也好有个心理准备，并且，最好能提前备好所有必需的信息、支持和帮助。我选择母乳喂养，因为我觉得这是最好的育儿方式。母乳喂养对孩子是极好的，但对妈妈来说远不是件轻松的事。

我精疲力竭，有点扛不住了，主要是由于我太累了，还有就是分娩的疼痛还没有恢复。我没有时间阅读吸乳器的说明书，结果就是乳房胀得生疼。清志每隔一个半小时就要喂一次奶，而我不知道他到底是把吸奶当成心理慰藉，还是真的在摄取营养，这也是件麻烦事。

最艰难的是清志得了“百日啼”，3个月才好。那段时间，我们的压力真的很大，因为他整晚整晚地哭闹，而我们束手无策，没办法让他安静下来。第一次开始哭闹的时候，他只有4周大。当时，我们正跟力克到美国俄勒冈州出差。我们在酒店里根本无法入睡。力克一整天都在做演讲、出席活动，一天下来，我们俩都疲惫不堪。我第一次感到如此无助，因为我们一点办法都没有。

我曾听说过“百日啼”，但我不知道它到底是什么，也不知道该如何应对。其实，“百日啼”的原因至今不明，而且，它对孩子并没有什么大的伤害。我咨询过的人和看过的书上都说，得了“百日啼”，其实大人比孩子更难受。这一点我是深有体会。

清志的情况跟我了解的“百日啼”是一样的。在3周到3个月大的新生儿里，只有20%的孩子会得“百日啼”。清志往往是在傍晚或夜里开始哭，一哭就是两三个小时，简直是撕心裂肺。他的脸会憋得通红，又踢又挠，好像很痛苦一样。太揪心了！

大多数儿科医生都会建议，在孩子持续哭闹时，最好去医院查一查，因为孩子也许是得了“百日啼”，可也有可能是别的什么原因，如感染、肠道或肾脏堵塞以及你无法辨别的什么情况。

我曾听到一种说法，说“百日啼”是由胃胀气、过度刺激、胃反酸、乳糖不耐症引起的。有些奶粉哺乳的妈妈说，有时候把牛奶换成豆奶就好多了，但我是母乳喂养，所以这个办法行不通。还有人建议说，母乳喂养的妈妈们可以试试逐一剔除饭菜里的某种食物，看看是否有助于减轻孩子的啼哭，比如卷心菜、牛奶、咖啡、洋葱、巧克力、大蒜等。

我还听说过各种各样让孩子安静下来的方法。有人说四处移动是很有效的。一位爸爸说，他会把大哭不止的儿子放到婴儿车里，一边戴着耳机开大音量听歌，一边推着孩子绕着家里的餐桌转圈。这样做要么孩子会停止哭泣，要么把孩子他爸累趴下。

我还听有的妈妈讲，每当孩子哭起来的时候，她就把他们放到儿童座椅上，开车带他们出去遛弯儿。但我觉得，开车时后座上放着一个尖声啼哭的婴儿不是什么好办法。还有位妈妈跟我说，孩子哭的时候，她就把他放到儿童汽车座椅里，系上安全带，然后将座椅放到衣服甩干机上。接着她打开甩干机电源，其振动和轻微的噪声会让孩子安静下来。请大家看清楚：是把孩子放在甩干机的顶上，而不是里面！

白色噪声也有效。我听有的妈妈说，她为了对抗孩子的哭声，并让孩子安静下来，就打开吸尘器、吹风机或某种会发出白色噪声的机器，或是播放舒缓的音乐。

还有妈妈说，把孩子用毯子裹起来也有效，不过要注意，不要把孩子热着。

最奇怪的是，清志会高嗓门连哭好几个小时，然后突然安静下来，跟个没事人儿似的。这是“百日啼”的正常现象，但是真的很怪异：前一分钟他还像有人拿针扎他一样大哭不止，后一分钟却立刻不哭不闹了。

在这段时间，由于压力和睡眠不足，我就像个僵尸一样。我小时候就经历过艰苦的生活，因为父亲早早离世，所以我既要经营家里的小店，又要照顾年幼的弟弟，所以我认为什么困难都难不倒我。可清志得了“百日啼”的那段日子，对我来说简直是最难熬的。我身心疲惫，精疲力竭，只想逃得远远的，找个地方喘口气、安静一会儿，因为你的孩子总是哭个不停而你却无能为力。跟婴儿没法讲道理，他也不可能跟你说到底是怎么了。我的母性始终催促着我为可怜的、痛苦的孩子做点什么，可我的一切努力都徒劳无功。

孩子每次哭都只是持续几个小时而已，并且，他的“百日啼”总会有好的一天，这样想也许心里会好过一点。可是凌晨3点了，小东西还是不肯消停下来，你已是身心疲惫，你丈夫也对孩子的哭闹忍无可忍，你们俩都想冲出门外找个深坑一头扎进去……先前的想法一点用都没有。话虽这么说，但是大家要怀有希望，因为这种情况不是永远的。

你唯一能做的事，就是趁着孩子睡着的时候也补一补觉，这样才能有精神、有体力应对醒来后哭闹的他。不管是家务还是工作，都可以先放一放，因为若是没有充足的睡眠，你身为妈妈、妻子的表现也会大打折扣，也不可能做好家务、干好工作。你还可以找个有耐心、有经验的保姆来帮忙，这样你就可以偶尔走出家门恢复一下，清清脑子，跟朋友放松一下，暂时摆脱“快要累死的新妈妈”身份，过一过正常人的生活。

我认识一些夫妻，他们因为孩子哭闹的事反目争吵，高压之下，生活也变得不顺心。所以，你们应该尽可能地避免相互指责。婴儿哭闹是个永恒的难题，从人类史上第一个婴儿降生时起，这个难题就一直伴随着千千万万的父母。唉，这句话的安慰效果也不怎么样。

我遇到的困难之一，就是力克从孩子出生到6个月大时总是出差，再加上之前我们搬了家，新家附近与我情况类似的新妈妈我认识得不多。在这种情况下，我建议大家加入邻居互助小组，或者询问一下你的儿科医生，看看附近有没有新妈妈互助小组或育婴小组可以加入。我说的不是什么同病相怜者的互助小组，因为初为人母还是快乐居多。如果能跟其他“百日啼”期间的新妈妈交流一下，应该是有好处的。若是没有什么特别的话题，你们可以交流一下家里的“战争”情况，互相安慰一下，或者组建一个“百日啼救灾小组”。

甜蜜大于烦恼

要是你刚刚身为父母，希望没有被上面的“战争”吓到。我们的儿子，跟大多数“百日啼”的孩子一样，最终熬过了哭闹不止的时期，我和力克也终于可以享受有一个安静、快乐的婴儿的美好生活了。从某种角度来说，经历过孩子哭闹的时期还是有好处的，因为以后的生活里还会出现超出你们的耐心和能力限度的情况，而有了这一次的经历之后，你们就更有心理准备了。一旦身为父母，压力和疲惫就是常有的事，但万幸的是，这些情况总是利大于弊的。

跟儿子在一起时，我们有过非常快乐的时刻。现在，有了一个需要共同爱护和抚养的孩子，我和力克的生活变得更加丰富多彩，我们俩的爱也更深了。有了孩子之后，两个人才真正理解了“耐心”和“无条件的爱”的含义。我认为，我们因此也变得对彼此更有耐心、更有爱了。

在诸多演讲和视频中，力克所讲的故事里有一个是尤其令我心碎的：他说从小时候起到成年，他一直都怕没有女人会爱上他，因为他没有胳膊，不能抱妻子和孩子。我倒是一点都不在意，因为，虽然他不能像普通人那样拥抱，但他有自己的拥抱方式。话虽如此，在我怀孕之后，他又谈到了自己不能像别的父亲一样抱孩子的事，对此他甚为忧心。我能看出来，他很苦恼。

而当力克的父母为他找来一个可以挂在肩膀上的襁褓时，我简直太高兴了。清志小的时候，我们就把襁褓挂在力克的肩上，然后把孩子放进去。我们从清志9天大的时候就开始这么做了。起初，力克还担心孩子会掉下来或襁褓不结实，但在孩子尚小的时候，这个办法还是很好用的。

看着力克把清志紧紧抱在怀里，看他们父子二人感受彼此的心跳，笑脸相对，我感到欣慰无比。我很骄傲，因为我用一个孩子给了丈夫如此多的快乐，也给了孩子这么好的一个父亲。生下孩子之后最棒的时刻，就是看到力克“抱”着襁褓里的清志，然后抬头看着我说：“真不敢相信，我当爸爸了。抱着他，就像美梦成真一样。我不敢想象，生命里没有了你们俩会是什么样子。”

作为女人，怀孕生子的确不容易，但其回报，正如我亲爱的丈夫所说的那样，绝对值得。

LOVE WITHOUT LIMITS

爱情不设限

第十三章 展开新的家庭计划

第十三章 ^

在本书第一章里我曾提到，2013年，在我坐飞机回家的途中，心里对家人的爱无法抑制、喷涌而出的情景。那时，我为期4个月的全球巡回演讲刚刚结束。在那段文字中，我表述了对妻子佳苗和儿子清志的思念之情。清志出生时，我正要动身开始此次巡回演讲，而筹备演讲时，我并不知道佳苗已经怀孕了。

起初，我还打算把巡回演讲切割开来，中途能回家待一段时间，可是行不通。所以，我只能在活动间隙抽空回家做短暂停留，其余的时间就是通过电话或视频与他们联系。

在此次活动中，到现场以及通过电视观看了演讲的观众有数百万之多。在此期间，我发了一次高烧，还长久忍受着孤独的煎熬。我想念家人，坐在回家的航班上，一想到马上就能跟他们重聚，我就欣喜若狂。我还感到愧疚，因为我在儿子这么小的时候就离开了他们母子，尤其是因为佳苗还处在产后恢复期、正手忙脚乱地应对初为人母的各种事情。

坐在回家的航班上，以上种种思绪充满了我的大脑，我在座位上低声啜泣起来，真希望没有人看到我这副样子。我想象着自己走进家门，抱了抱儿子，然后跟妻子热切地拥在一起。这次环球演讲极为成功，收获颇丰，但我累得够呛，非常需要休息。

我没有考虑的情况是，身在家里的佳苗同样很累，很需要休息。我想念妻子和儿子，但儿子刚生下来的几个月里，我并没有陪在他们身边。这段时期，即便是夫妻两个人都在孩子身边，也是困难重重的，因为一个新生儿（尤其是家里的第一个孩子）会给家里带来巨大的转变。

我和佳苗原以为，我们已经为清志来到我们的生命里和生活里做好了准备。我们布置好了一个儿童卧房，里面有婴儿床、可调桌、梳妆台、婴儿监视器，还有各种各样的新生儿用品。但我们对儿子将要给家庭事务、日常生活及我们的夫妻关系带来的巨变毫无准备。

我知道佳苗的工作量会增加，我也为儿子出生不久我就得离开他们母子去环球演讲而难过，但我真的没料到，这么一个小不点儿会带来这么大压力，甚至混乱。

你若是早就有了孩子，也许会对我的单纯而摇头，但我相信，只有在有了这段经历之后，我们才能真正明白孩子的降临会给生活带来多么巨大的变化、给夫妻关系增加多少紧张。

我和佳苗还未好好享受夫妻的二人世界，就迎来了儿子清志。这种情况并不稀奇，很多新婚夫妇都有相同的经历。于是，随着“二人世界”变成“三口之家”，我们的生活方式发生了翻天覆地的变化。

我们俩事先都不知道照顾婴儿（哪怕是一个健康的婴儿）需要付出多少时间、会是多么累人。在家的时候，我和佳苗最大的问题就是睡眠不足，在清志得了“百日啼”的那段日子里尤其如此。我们都感觉到了骤增的责任（包括经济压力）。

在恋爱期间、结婚之初，我和佳苗从未有过激烈的矛盾或严重的误会，但身为父母的压力和生活中的诸多改变使我们好景不再，更不消说还得为夫妻性生活做出调整。

清志出生后的最初几个月里，我未能陪在他们母子身边，这使得我们俩的关系疏远了一些，但这种疏远的感觉同样来自于成为父母后新生儿带来的压力以及夫妻二人沟通交流时间的减少。在身为父母之后，就没有那么多的自由，不能想干什么就干什么了。孩子的需求和舒适往往是重中之重的事。我曾读过一篇研究文章，说的是，在有了孩子之后，夫妻间感情交流的时间会减少三分之一。对我而言，较这个比率还低了一些。

佳苗独自熬过了最初的数周时间，而由于我对她的艰苦知之甚少，在回到家里之前对其没有清晰的了解，所以局势就越发紧张了。

当天晚上，我带着行李走进家门。佳苗迎接了我，对我嘘寒问暖、关怀备至，但她同样需要我的抚慰和关怀，因为在她看来，与她这段时间的劳累相比，我的长途出差简直不值一提。

很有趣，是吧？

其实一点都不是！不过很能给人启迪。

“亲爱的，我到家了……”

从古至今，有多少丈夫在外英勇奋战、攻城克敌，当他成就非凡、功绩满身、精疲力竭地回到家里，却发现妻子跟他一样身心疲惫、渴盼休息和放松。

男人想的是，妻子这时会给他献上热吻，递上拖鞋，然后牵着他的手走进卧室，卧室的床头柜上早已放好了美酒……可她却絮絮叨叨地向他倾诉了自己在家照顾孩子、料理家务的种种不易，然后把奶瓶和纸尿布往他手里一塞，随即冲出门去跟闺密玩了。

这种情况并未发生在我的身上，但我敢说，归家的英雄与劳累的妻子之间的不协调情况，在人类历史上多如牛毛、数不胜数。也许有一天，研究人员会发布一项研究结果：身心憔悴的妻子们给丈夫们造成的伤害，要比他们在外拼搏奋斗所受的伤害多得多。

跟古时候的战士们不同，我是从工作的世界里回家的，长途跋涉，风尘仆仆。归途中，我想的是拥吻妻子和儿子，再在他们的依偎中倒在床上睡去。

可佳苗的想法跟我不同。她想的是，在我为期4个月的环球演讲期间，她独自一人照料着儿子，所以她想让我把她解放出来，把孩子接过手去，每天24小时地照看他、操持家务。

我到家时，佳苗并未跟我说上面那些话。她只是长久拥吻着我，就像我在回家的航班上想象的以及我此前数周里渴盼的情景一样。她还告诉我说，她为我在环球演讲中所做出的牺牲、所触动的心灵、所感动的灵魂而骄傲。

在我这边，我为长时间不在她身边而道歉,并且告诉她说，我再也不想离开她那么久了。其实，我还有很多话要对她说，却隐约感觉到我们俩之间似乎有些疏远。这在以前是从未有过的。随后，她把清志递给我，而清志对我有些怯意，转头又要妈妈抱，好像不认识我一样。那种疏远感更强烈了。终于，他对在我身边这件事不再抵触，但短短几分钟过后，他又要回到妈妈那边去。他藏在佳苗的怀里，然后偷看了我一眼，朝我笑了笑。我心里可谓五味杂陈。我为能重返妻儿身边而心怀感激，也为远离他们的每一分钟而深感歉意。

后来，佳苗跟我谈到了我刚刚回家时的感受。她说，我们俩有很多感情上的问题需要讨论和梳理，而我们仅仅是解决了其中最初的一两个。此前，因为我们分开太久了，我们都在没有太多支持的情况下被各自的责任搞得精疲力竭。

仅仅努力赚钱真的不够

有时候我会想，在独自照料婴儿的时候，妻子会进入“生存模式”，对此我很理解。其间，她们的母性会登台掌权，而在丈夫回来之后，这种模式很难一下子转变过来。现在，我知道了。当时，我并不知道佳苗是多么疲惫，而其部分原因在于，佳苗不是一个爱抱怨的人，她是个斗士。她总是默默挑担前行，在感到不堪重负的时候也很少表达出来。

弟弟亚伦在我的成长过程中一直给我大量帮助，在我和佳苗的婚礼上，亚伦致辞说，他一直以为我的妻子一定是个女超人。佳苗的确是个超人。虽然她很谦逊，不喜欢我这样夸她，但她真的是。

我没能注意到她也很孤独、也很累，所以，我回家的一刻并不如预想中那么甜蜜。又过了几周时间，我们才又变得亲密起来，夫妻之间、家人之间的纽带才重新系起来。

清志过了一段时间才和我熟络起来，对此我很难过，但对只有几个月大的他来说，我的确是缺席了他的绝大部分人生。仔细想想真的很痛心，因为，虽然我是他爸爸，虽然我有机会就跟他视频交流，但对他来说，我只是比陌生人略强一点而已。

此前，我尚未意识到，仅仅是拥有“丈夫”和“爸爸”的头衔、挣钱养家是远远不够的，我得相伴他们左右才行。作为一个刚刚结婚不久又初为人父的年轻人，在经历过这次挫折之后，我才真正明白人生最重要的夫妻关系和父子关系的真谛，而跟我有相同经历和相同感悟的人大有人在。

不论是在影视剧里、文学作品里，还是在现实生活中，我们常常会听到男人对妻子说：“为了这个家，我每天累得像狗一样，这难道还不够吗？”

而答案往往是否定的。真的，不够。

我也很想给结婚生子的故事写上这样的结局：“从此，他们过着幸福的生活。”可是不能，因为它与现实不符。这么说并不是说我和佳苗的婚姻不幸福，或说我们的三口之家不美满。不论以何种方式衡量，我们都是幸福的一家。而在了解妻子的需求、把妻儿放在自己前面这两件事上，我跟其他男人一样不开窍。

仍需努力

《圣经·以弗所书》里说，夫妻二人要“怀着敬畏基督的心，彼此服从”。在跟佳苗谈恋爱时，我首先是把她当成最重要的基督教姐妹。而作为一个基督徒，她是天地的主的儿女，我首先应该在这方面尊敬她。随着我们的关系越来越亲密，我渐渐相信，是上帝把我们结合在了一起，他希望我们能像他爱我们一样彼此相爱。

虽然我相信是上帝完美地把我们俩结合在一起的，但这并非意味着我们都是完美的个体、完美的夫妻、完美的父母。上帝对我们的计划，是让我们把以自我为中心、放纵任性、自私自利的心态全部摒弃。就我所读到的《圣经》中关于爱和婚姻的内容而言，爱不是不予而取，而是把你的爱人和家庭放在首位，为爱放弃自我，是始终为丈夫或妻子奉献，帮助他们变得更好、成就更多。

在了解彼此的欲求时，我们得有爱心、有耐心、有同情心，要亲切、宽容，要为对方着想，甚至要做到心有灵犀。在这方面，佳苗是我远远不可及的，而她也是我认识的最接近完美的人。

在了解配偶所需的爱和关怀方面，我距离佳苗还有很大差距，要超越她更是不可能的。结婚生子是人生的巨大转变，有了家室将会改变人的灵魂。

请及时转变观念

为什么会这么说呢？因为在结婚生子之后，你对人生的看法将会发生翻天覆地的变化。我单身了29年。我23岁离家，所以我独自生活了6年时间。在那段时间，我作为励志演讲家和福音布道家周游世界。我的工作职责很繁重，但我基本上能按时按计划完成，并且能全身心地投入到布道事业中去。我相信，我是在做上帝指定的工作，遵循他对我人生的安排。现在我仍这样认为。但在那些年里，我的存在模式完全是以自我为中心的，更妙的是，没有人在乎!

但是，我很孤独，也自然而然地感到悲伤。接着，我遇到了佳苗，我再也不孤独了。我的心里充满了欢喜。我们结婚了，几个月后又得知她怀孕的消息，这种欢喜更强烈了。妻子和孩子是上帝对我的恩赐，对此我仍惊讶不已。他们是我的一切。随之而来的是一个醍醐灌顶的启示：他们还是一面镜子，清晰地照出我的自私和不足。起初，我不喜欢这种感觉。谁不是呢？当初，我结束了环球演讲回到家中，想的是能立刻投入妻子的怀抱，在她的溺爱中恢复旅途的疲惫，我的想法太自私了。看到妻子失望的眼神，我立刻就醒悟过来。接着，她把儿子递给我，而儿子又挣着回到她怀里去，因为他认不出我了。这也同样反映了我从未自知的一些事。它不是一个好迹象，但是，如果我想成为心中所想的那个丈夫、父亲、顾家的男人，那我就需要这种迹象来给我提醒。

跟很多男人一样，我原以为妻子和孩子能明白我对他们的爱有多么深，因为我是为了这个家而努力工作，但这样还不够。我工作不是为了钱。我的感觉是，我努力工作是因为我真心爱自己的事业。但是，如果把“挣钱养家的工作狂”和“无私的丈夫和父亲”混为一谈，你就会很危险了。

养家和保护家人是男人的天职，是本能。当在这两个方面表现出色时，我们就认为妻子和孩子能够理解——这就是我对你们的爱的表现。他们也的确能够理解这一点（至少是在某种程度上），但总体而言，他们想要的不止于此。他们想让你能在生活中常伴左右，能人在心在，能理解他们的情感和心事。

让自己更有耐心

上文说到了“以人为镜”，而当我站在妻子和儿子面前时，从他们的眼睛里，我看到了自己的失败。我还意识到，我给他们的还远远不够，他们想要的不止于此。

在清志出生以前，我曾跟佳苗说起过，我害怕孩子出生之后她用在我身上的时间就变少了。我父母结婚5年之后才有了孩子，而我和佳苗的二人世界才仅仅维持了数月时间。我所表露的担忧，是大部分等待第一个孩子出生的男人的普遍心理，但我也知道，这种念头，哪怕只是心里想想，也说明我的成长还未结束。

我的需求增加了佳苗的压力，而这是她不需要的东西。我记得，甚至在她怀孕期间，我也曾向她表露过我的担忧，我怕我在她心中的位置会被儿子挤掉。这是不好的。我需要祈祷，使自己变得更有耐心、更能体谅别人。

信仰是我和佳苗共同的纽带，也是我们应对种种困难的力量之源。对此，我们心怀感激。与我们俩相比，有很多美满的婚姻没用上帝如此费心。我要说的是，多亏了上帝对我们的祈祷的回应，也多亏了上帝能听见每天数百个为我们祈祷的声音，我们俩的婚姻比想象中要幸福得多。

在下一章内容里，我们将给大家讲一讲，我们在有了第一个孩子的有限的经历里所收获的心得体会。

LOVE

WITHOUT LIMITS

爱情不设限

第十四章 三口之家的生活

LOVE
WITHOUT LIMITS
爱情不设限

第十四章 ^^

结婚之后，我和佳苗尚未过上两三个月的“二人世界”，就发现要变成“三口之家”了。那时，我们的婚姻还未完全步入正轨。我们仍停留在度蜜月的状态，从未想过随后的9个月时间会飞逝而过。

好像前一分钟我们刚刚结婚，后一分钟已经当了爸妈。不知怎的，我们的生活就像点了快进键一样飞速而过。我和佳苗为即将到来的清志竭尽所能做着准备，可是，跟其他初次当父母的人一样，很快我们就发现，家里突然出现一个新生婴儿是一种人生巨变，是不可能有充分准备的。

不论是你个人的生活还是你们夫妻俩的生活，都会受到巨大的影响。比如说，在有了孩子之后，你们就再也不需要闹钟了，因为婴儿从不肯老老实实睡觉。

我希望成为三口之家就像2+1=3一样简单，但它比加法算式复杂得多。现在，我和佳苗仍在适应身为父母的生活，但我们觉得，如果我们能把迄今为止收获的感悟和技巧与其他年轻的父母分享一下，那将是很有益处的。如果你是位经验丰富的家长，看到我们的叙述，你也许会觉得有些好笑，也许会令你想起自己首次当父母时在育儿方面所付出的努力。

下面请看：

孩子1周岁时的生活指南

1.分享信仰

少年时，我常常受人欺负或被人孤立，我回到家里就读《圣经》。在经文中，我找到了安慰甚至启迪。大家要是了解我的人生经历，就会明白——正是因为读了《圣经》，我才打消了自杀的念头，并从此过上了精彩的生活。

我在一个基督教家庭长大，而直到15岁我读了《圣经·约翰福音》之后，才真正信仰了基督教。那里面说的是，耶稣在一个村庄里遇见一个天生的盲人。耶稣的一位门徒就问耶稣，为什么会这样？耶稣回答说，他之所以生来就看不见，是因为“要让神的作为显明在他身上”。在读到这段话时，我的心态一下子变得非常平和。这是我此前从未有过的感觉。我相信，是上帝给了我新生、给了我信仰。我觉得，好像是上帝在冥冥中引导着我读到了《圣经·约翰福音》，并从中找到了我百思不得其解的问题的答案：“你为什么要把我生成这副样子？”我祈求他宽恕我的罪，我把我的生命交到他的手中；我祈求他赐予我四肢，但同时也明白，即使这种神迹没有发生，他仍然对我的人生有更好的安排。

《圣经》使我的人生有了目的，所以大家应该能够理解我为什么喜欢读《圣经》了。除此之外，阅读《圣经》故事还以无异于神迹的方式给我们的婚姻和家庭带来了平和。甚至在结婚之前，我和佳苗也一起读《圣经》、一起祈祷。我们感觉棒极了。我们甚至还通过电话共读《圣经》，再对其中内容及对我们的启迪进行讨论。结婚之后，我们因生活、工作和出差忙得不可开交，但我们明白，我们得比以前更多地读《圣经》才行。在这一点上，我们就像饥肠辘辘的人一样，迫切需要精神的食粮。

我和佳苗意识到，在初为父母的各种困难面前，我们俩最大的优势就是拥有相同的信仰。我们所做的最明智、最有益的事，就是只要条件允许，每天早上醒来，我们俩就会一起诵读20～25分钟的《圣经》。在我们读经时，清志常常会爬到床上来，凑到我们身边，所以读经的时刻也是我们一家三口甜蜜互动的时间。

大家也许会觉得很好笑，因为我们读的是凯瑟琳·F.沃斯（Catherine F.Vos）所写的《儿童圣经故事》。这是佳苗以前给人当保姆时发现的一本书。沃斯夫人是一位著名神学者的妻子，她写这本书的目的是为了给孙儿们阅读。这本书里描述的《圣经》故事非常贴合原著，按时间顺序一一道来。其内容生动有趣，囊括了各种风俗习惯、教义信条及背景知识，很有教育意义。其中的《圣经》经文并未淡化或简化，事实上，我们发现很多大人——特别是有了小孩或第三代的成年人——都喜欢读这本书。而得知葛培理牧师的妻子露丝多年以来在教《圣经》的课堂上一直都是用这本书当教材时，我们高兴极了。

佳苗第一次拿到《儿童圣经故事》的时候，就觉得这本书太迷人了，接着手不释卷地读了好几个小时。她把书推荐给我，而我也立刻入了迷。说真的，我跟她说，我从这本书里得到的启迪，比在布道上得到的还多。

此后，我们就一起读这本书了。因为我们感觉到，在清志出生之后，我们俩的关系并不像预想的那般牢固，而每天早晨共读《圣经》，使我们一天的生活有个好的开端。我们常常跟清志一起在黎明前醒来，与打开笔记本电脑查阅工作邮件相比，一起读《圣经》的感觉要好太多。这么做的感觉就像是在冥想一样，我们把上帝的话牢记于心，这样才能在日常生活中身体力行。能跟妻子一起以祷告的方式开启一天的生活，这么做是很棒的。它就像力量的柱石一样，令我们获益良多。我们俩一起读经，一起祷告，清志则是在我们身边玩玩具、爬上爬下，这是多么美的情景！晨起祷告还有一个好处，那就是能让我们怀着感恩的心开始一天的生活，因为它能提醒我们：离了上帝，我们将一无所有。

2.跟妻儿共处时，要做到人在心在

“人在心在”，有点禅语的意味。我的意思是，在妻儿身边时，就得把注意力放在他们身上。我有工作，有办公室，但我仍然经常在家办公。而现在有了孩子，我不知道这样做是好是坏。我想的是，既然我的人是跟妻儿在一起，那么我就要把心放在他们身上，而不是忙着打电话、看邮件、发短信或被现代生活的种种事务分了心。

自从上次环球演讲以来，我一直尽力多花时间待在家里，避免长时间远离家人。更重要的是，从现在起，我想用大量的时间和精力来关注儿子的成长，而佳苗就是我的监督员。要是全家人在一起时，她觉得我对清志的关注不够，就会提醒我，父子之间的情感是在早期建立的。她还给我看过一些研究文章，说的是如果孩子跟父母的关系密切，他们就会成长得更安稳、更自信。

在忙碌的日常生活中，我们往往会忽视一个现实，那就是孩子对大人的观察多过大人对孩子的观察。父母是孩子的榜样，是他们道德和心灵的灯塔。如果夫妻二人能够相敬相爱，他们的孩子也会学他们的样子。

我不想成为一个狗皮膏药似的爸爸，整天黏在孩子身上。我想让他们有自己的体验，用自己的想象力寻找快乐，但我认为还有一件事是同等重要的，那就是以让他们感觉舒心的方式陪在他们身边，给他们鼓励，随时解答他们的疑问，聆听他们的想法。

我想当一个顾家的好男人。只是有时候我会有点怪，因为在思考布道项目或业务机会的时候，我就会变得魂不守舍，对周围的情况浑然不觉，但在跟佳苗谈恋爱以及结婚之初，我能把外界的干扰排除，把全部注意力都放在她的身上。

最近，我一直在想办法，在工作和生活之间画一条更清晰的界线。跟妻儿在一起时，我想能每一分钟都关注他们。我关掉智能手机，全身心地陪伴家人。而我发现，这样做对我的工作也有好处，因为每次回到办公室的时候，由于先前跟家人美好的相处，我都觉得精神焕发、情绪爽朗。

3.心怀感恩

有一天，我回到家里，看到佳苗正跟清志一起玩，母子二人欢笑不断。顿时，我因生命中有了他们而感激不已，心潮澎湃。要是放在过去，我可能不会把这些想法说出来，但现在，我每一天都想让妻子和儿子知道，能跟他们在一起我是多么感恩。

“我何德何能，能拥有你们？”我问佳苗。

“不，亲爱的，”她答道，“这句话该我说才对。”

这一定就是贝塔叔叔多年之前跟我说过的话了：我需要的女人，应该像我爱她一样爱着我。（贝塔叔叔，你总是对的！）要做到感恩，其关键是：不论是感激别人为你做的事，还是因某人出现在你的人生里而感到庆幸，都要把它表达出来，对自己的妻子和孩子尤其如此。

有了平等的爱，你们就会接受真实的彼此，知道两个人都是不完美的。我们都需要恩惠，也需要通过理解、宽容和感恩，将恩惠施予我们的爱人。那一次，在我结束了环球演讲回到家里时，曾与佳苗产生了一点隔阂。当时，我想的是先亲热一番，然后再叙感情；而她在那段时间里不仅独自照料孩子，还拾掇房子、处理其他事务，她感觉自己就像个单亲妈妈一样。所以，在我到家时，她希望我能先理解她的感受，然后再发展夫妻感情。

身为一个男人，我在这一点上反应有些慢了。而人总会在不自觉间返回自私的心态，这件事很有趣。当时，我想的是：我一直都在努力工作，我一直都在付出，现在我回到家了，我想要呵护和爱戴。

在孩子出生之后，有些夫妻很难恢复正常的性生活，在第一次生孩子之后尤其如此。自发的性致似乎一去不复返了。睡眠不足、经济压力、婴儿那不合拍的生活习性，还有女方的产后恢复，都出来搅局。在有了孩子之后的最初几个月里，虽然这种情况很普遍，但它需要耐心、友好和体贴来克服。

在外出很久之后，我并没有拿出时间对佳苗在我出差期间所做的一切表达感激，我那时被自私的念头冲昏了头脑，心里想的只有我曾做过的事和我的需求。对我来说，那并不是什么值得夸耀的时刻。

这时，男人和女人要做的，是再度完成结合，回到夫妻二人一体的状态，这样他们才能互相体贴、相互感激。结婚很简单，难的是在日常生活的每一分、每一秒都心意相通。在做任何决定之前（不论是大事还是小事），都要考虑到对方的意见以及此决定会给对方造成的影响。

佳苗需要应对我的很多弱点。我们都经历过成熟和自知的阶段。随着我慢慢长大，我渐渐意识到需要常常表达自己的感恩之情。我意识到的其中一个问题是，我在小时候从未学会说“请”和“谢谢”。作为一个残障儿童，我觉得让别人为我效劳是心安理得的事。也许我以为，因为我没有四肢，所以整个世界对我都有亏欠，我想要什么，别人就得给我什么。由此，我的请求往往是很直白的，如：“给我一杯水。”

丹尼尔也是一个生来没有四肢的孩子，我一直在给他做辅导。在去他家做客的时候，我发现自己的礼仪有所欠缺。丹尼尔的父母一直在教他说“请”和“谢谢”，对此，我感触很深。现在，我也能更注意向别人表达谢意了，尤其是对与我亲近的人，因为我不想再把他们、把他们的爱当成理所当然的事。

4.对信仰要身体力行

自从清志出生之后，我和佳苗祷告的次数多了起来，交流信仰的时候也多了起来。现在正是我们最需要上帝帮助的时候，我们就应该多多祈祷。

在结束了环球演讲、回家之初，我在“耐心”和“理解”这两方面做得很差劲。但最后我明白过来了，如果你想要别人的恩惠，最好的办法就是先给别人恩惠。

有很多时候，我根本不知道该怎么帮佳苗照料儿子。我不能替她抱孩子，不能喂孩子，不能给孩子换尿布，不能给孩子洗澡，无法替她，让她休息片刻。每每在这种时刻，我都会感到失落，甚至生气。因为，作为一个男人，在妻子遇到问题时，我想挺身而出，而有的时候，我真的是束手无策，而面对这样的现实，我总是很伤心。这时，我就多做祷告。但是说实话，现在不论我做什么，我一整天都在不断祷告。我祈祷智慧、力量、耐心以及平和的心态，我祈求上帝帮助我做出正确的决定，帮助我成为一个好丈夫、好父亲。我祈祷得这么多，是因为我无时无刻都离不开上帝。这种想法似乎太过卑微，但大多数时候能令我心里踏实。

尽管如此，卑微对我来说也是好的。要想祈求上帝的帮助，就得放低姿态，而在被情绪冲昏了头脑、曾经的不安心理死灰复燃、伤心的话语即将脱口而出时，卑微是尤其有效的。上帝能进入你的内心，扑灭这些毁灭性的火焰。

5.团队合作

跟很多身体有障碍的人一样，我得学会在自己有需要的时候直截了当地开口向别人寻求帮助，哪怕面对的是陌生人也一样。虽说我也尽量自食其力，不愿麻烦别人，但有时候有些事情我是真的无法独自完成的。

开口求助时，我从不打怵，而真正的问题是，我会变身为“力克司令”，开始对身边的人颐指气使。通常情况下，我只是在工作场合进入发号施令的模式（比如在出差途中）；在想把演讲活动安排得井井有条时，我往往会执掌大权；还有就是当我和团队成员到达机场的时候，我得指导着机场搬运工干活，因为他们分不清哪些东西是要托运的（即我的行李），哪些是需要进入客舱的（即我本人）。

问题是，我在外出差久了，回到家里后一时无法从先前的角色中转变过来，对佳苗也是发号施令、趾高气扬。每次，我都懊悔不已。久而久之，佳苗也学会了为了集体利益而站出来把我压制下去，但她的表达方式很温和：“亲爱的，注意你的脾气。”

她真正的意思却是：“你不是我的长官。你是我丈夫。我们是个团队，是平等的。所以，你得友好一点。”

我喜欢她的处理方式！当然，她的观点是正确的。婚姻和家庭都是“团队工作”，两个人需要相互扶持，保持爱情的活力。团队中的成员相互照顾，互惠互利，根据技能的不同分配职责，每个人都为团队做贡献，都把团队利益放在首位。跟很多男人一样，我从婚姻中学到了团队精神的真谛，也明白了团队生活的最佳方式就是“同舟共济”。

6.改变心态

大多数刚当爸爸的男士所碰到的最难的，也是最普遍的问题就是，鉴于与孩子相关的额外的准备时间及物品，他们的生活节奏将会变慢。一个朋友曾对我说，自从有了孩子，他们夫妻俩出门时说走就走的情况就一去不复返了。他说：“每次带孩子出门，都像是在调度军队一样。婴儿车、玩具、橡皮奶嘴、尿布包、奶瓶、湿巾、药品、急救用品、儿童食品、鸭嘴杯……最后连SUV都装不下了！要去看场足球赛，我们得弄辆搬运车才行。”

在得知我马上就要当爸爸时，这位朋友给了我一个建议：“抓紧时间学会保持耐心！”我当时以为他是在开玩笑，但不久之后我就明白他的意思了。

因为我离不开轮椅，所以每次出门都需要往SUV里装相关物品，但这么多年过去了，我早已有了一个“套路”，能迅速打包上路。可没用多久我就发现，孩子也有他自己的节奏和套路。一边是我的装备，另一边是孩子的各种用品，又因为我爱莫能助，所以每次全家出门的时候，佳苗的双手片刻都停不下来。

从环球演讲回来之后，又过了1周左右的时间，我们第一次带清志去教堂做礼拜。我们得先把清志放到一个托儿所里。我们想把婴儿车留下，但孩子的尿布包放在婴儿车里了，而佳苗的钱包在尿布包里。托儿所的一位工作人员对佳苗说，她不能把个人财物放到婴儿车里，而她好像犹豫不定。与此同时，我却心急如焚，因为礼拜已经开始了。

我建议佳苗把尿布包留下，只把钱包带走。我的语气有些不耐烦，这令佳苗很伤心。我没看出来，其实当时另有隐情。佳苗后来跟我说，在我们把孩子交给托儿所的工作人员时，她突然想到，此前我们从未将清志交给陌生人看管，那时她的心里突然涌出了一阵恐惧。“我担心的不是钱包，我担心的是把孩子交给了陌生人。”

佳苗的母性很强，与儿子的关系也很密切。对此，我心怀感激，也很尊重她的感受。可是当时我却很没有耐心，觉得她做什么都慢吞吞的。我需要做出改变，其中就包括对心态做出真正的调整。如果能知道自己现在的心态，也明白它是缘于以往的经历、情感和想法，那么调整起来就简单多了。

另一位朋友也有过类似的经历。有一天，他劳累了一天之后下班回家，却发现得先修理草坪，然后才能休息。他把割草机拖到院子里，却发现满地都是小孩子的玩具。他的孩子以及周围邻居家的孩子把球、球棒、三轮车、两轮车、玩偶等东西扔得到处都是。正当他站在那里，愁着怎么打扫院子时，一位年长的邻居走上前来跟他说了句话，而这句话改变了他的想法："你要这样想：一晃眼他们就都长大了，离开了家，那时你会非常想念他们的。这是我的切身体会。"

在那一刻，朋友的想法的确变了。先前，他还因为要割草、要清理院子而焦躁心烦，现在却心怀感激，因为他还有好几年时间可以跟孩子共享天伦之乐。

邻居送给了他一件多么好的礼物！朋友把这个宝贵的建议又告诉了我，而我应该好好遵循。我不能认为妻子总是慢吞吞的，而要理解她身为母亲的爱心。她不愿把孩子交给托儿所照看，因为她太爱孩子了。即便是最善解人意的丈夫和父亲，往往也无法理解母子间的那种亲情。我曾听有的妈妈说，孩子受伤的时候，她们能感觉到疼痛。而就我对佳苗和清志母子俩的观察，我相信这是很有可能的。我需要将这种观点牢记于心。

7.你要明白，你不用把所有问题都解决掉

我有件事要坦白：孩子哭的时候，我不知道该如何是好！真的，清志哭的时间一长，我就会离开房间或房子。要是他在车里哭了起来，我就会尽快把车停下，然后逃到车外面去。这不是什么值得自豪的事。相信我，我曾试过听音乐、戴隔音耳机等方法来阻挡他的哭声，但都见效甚微。

其中部分困难是，我不能走过去把他抱起来哄他。这一点很令人难过，也再次令我想起自己的身体障碍。跟大多数男人一样，每当出现问题，我想的是如何将其解决掉。而我在儿子哭的时候，不能像佳苗那样把他抱在怀里哄他，所以这个问题是我无法解决的。

我们还知道，有时候，就应该由着孩子哭，哭累了他就睡着了。比如说，每当把清志放进婴儿床里，让他睡觉时，他总会大哭以示抗议。但有人建议我们说，只要没什么大碍，就应该把他放到婴儿床里不管，这样他才能养成习惯。

清志哭的时候，佳苗会走到他的床前，俯下身子轻声细语地哄他，有时候真的很有效。但换了我就不行，我只想让他闭嘴。清志得“百日啼”的那段时间里，一哭就是好几个小时，那时我尤其觉得灰心丧气。当然，佳苗那时也不轻松。

于是，我被迫接受现实，当我无法解决儿子的问题时，就得让他妈妈接手，因为那是她所擅长的。这么做是挺丢人的，不过有句话说得好，“谦逊带来福气”，不是吗？很多男性朋友都说我很幸运，因为我不用给孩子收拾打扫，不用洗盘子刷碗，但我希望能在家里多帮佳苗做些事，真的！

8.重视交流

有时候，我临时决定邀请别人到家里做客，却往往是在最后时刻才想起来跟佳苗说："亲爱的，今天晚上有几个客人要来家里吃晚饭，我跟你说过了吧？他们还有半小时就到了。"

佳苗是个很大度的人，但有了三四次措手不及的清理房间、准备饭菜的经历之后，她"提醒"我说，以后不管什么事都要事先打个招呼，早商量，否则"老婆"就要变成"前妻"啦！

我在没有跟佳苗商量的情况下就邀请了客人来家，此举不仅仅是欠缺沟通，而且还逼得她匆忙地清理房间、准备饭菜。我考虑问题太不周到了。她说她觉得我对待她就像对待手下的员工一样，而不是带着爱和尊重。对此，我的确理亏。我没有考虑到我的行为会给她带来预料之外的工作量，也未能站在她的立场考虑事情。她很伤心，因为我做事有欠周全，我本应考虑到她的感受才对。

演讲是我的职业，交流是我的专长，但在自发的社交生活方面，我与妻子的交流不够充分。其部分原因在于，我事务繁忙，所以习惯于把待办事项记在日程表里，然后将其置于脑后，直到时间临近时才会想起来。我跟佳苗开了一次家庭会议，我决定在家里也会跟她多做交流，就像我在外面做环球演讲时一样。还有一件事很有帮助，那就是我和佳苗把两个人的在线日程表关联到了一起。这样一来，若是我对日程安排做了调整或添加，她也能及时看到并做出相应的调整。

佳苗还时常提醒我：作为一名职业演讲家，我的表达能力毋庸置疑，但我的倾听能力有待改进。我们的婚前咨询顾问也曾说到这个问题，他说：夫妻之间应做到“沟通”，而非仅仅是“交谈”。对广大夫妻来说，这是一条宝贵的建议，你们认为呢？

9.不要成为家里的恶霸

作为一名反对霸凌的活动家，我听到过很多欺凌弱小的事，有的是面对面交谈时听说的，有的是通过我的网站收到的电子邮件或Facebook上的留言得知的。大多数人往往认为霸凌现象只是发生在学校中、体育场上或办公室里，但我们听到的最残忍、最令人痛心的霸凌经历却是发生在家里，发生在家人之间。

身为一个刚刚结婚的人、一个刚当上爸爸的人，在得知夫妻间、父母和孩子之间的霸凌现象如此普遍之后，我陷入了沉思。在餐馆里、聚会上，我也曾目睹过这种事件。我见过夫妻俩在众目睽睽之下相互嘲弄、抨击、贬损。他们为什么要欺压与自己朝夕相处的人呢？我无法理解。我曾见过一位丈夫欺负他妻子，而她的表情令人心碎。那位丈夫也许是轻描淡写、满不在乎，但妻子的痛苦是掩饰不住的。她的样子，好像是失去了最好的朋友一般，而她的表情贴切地反映了她的内心感受。

对我们的另一半，我们本应是心怀爱和自豪，而非施加霸凌。有时候，两个人只是温和地打趣，但随着言语相向，打趣很快就会升级为丑恶而伤人的言辞。一位女士给我写信说，她丈夫总是贬损她，因为她生完孩子之后体重一直没有减下去，他甚至会当着朋友和家人的面就对她冷嘲热讽。我还见过一位女士对丈夫如此，因为后者变胖了，身材走了样。

也许他们想的是督促、劝诫丈夫或妻子减肥，是在帮助他们，但我觉得他们的行为近乎残忍和虐待。这里面往往存在控制欲的问题，或是某一方希望通过贬低对方而找到满足感。我无法想象任何一个人能长久忍受这种对待。

更令人难过的是，父母在大庭广众之下指责孩子的缺点和错误。我还见过有的父母在公共场合粗鲁地对孩子颐指气使，我无法想象这些可怜的孩子在家里是怎样的情形。“提上裤子！去梳头！看你跟个乞丐似的！系上鞋带！去做作业，你这个懒蛋！”在我听到的言语里，这只是其中一种类型。这种父母令我心生畏惧，因为我无法想象他们那深受欺压的孩子长大之后会是什么样子。看到这些父母欺压孩子的情景，更加强了我的决心：我要做一个慈爱而严格的丈夫和父亲，通过激励和鼓舞来表达我对家人的爱。

10.把问题和误会消灭在萌芽状态

跟很多结婚不久就有了孩子的年轻夫妻一样，我和佳苗发现，在夫妻之间、家庭生活里出现问题的时候，对其避而不谈是不可能解决问题的。掩埋起来的问题，随时会在你们发生争吵时或压力增大时再度出现。

“良言一句三冬暖，恶语伤人六月寒”，选择权在你。在抚养第一个孩子的路上摸索前进的夫妻俩，尤其应该注意说话的内容和方式。照料孩子、供养家庭所带来的压力会有双重结果：一是导致你们精疲力竭，说话时少了顾忌，也不大考虑对方的感受；二是在听到对方跟你说的话以及跟别人提起你时，会变得敏感易怒。这两种结果叠加起来，就会产生巨大的隐患。

我想，我绝不是首个想要一个“撤销键”的丈夫和新爸爸，一按按钮就能抹掉先前对妻子和孩子说过的话。我最难过的童年回忆之一，就是7岁那年无意中听到了父母的争吵。起初，他们并不知道我听见了他们吵架，因为当时我正在洗手间里。我需要别人帮助才能从洗手间里出来，但他们开始吵架，所以我只好等着。但他们的争吵变得越来越激烈，声音也越来越大，以至于在我开口让他们帮忙的时候，他们竟然都没听见。

我不怪他们。他们那时压力很大，并且，每对夫妻都需要偶尔发泄一下心中的负面情绪。而我肯定，这件事是他们最想从我的记忆中抹去的。

就在我等在洗手间里的时候，他们想起我来了。母亲说道：“你儿子要从洗手间里出来。”

父亲答道：“他也是你儿子！”

我知道他们不是那个意思，但他们的话对我伤害很大，因为我对成为家里的负担这件事非常敏感。当时，他们正在气头上，其实话语里并不是针对我。现在我能明白了，但我同样明白了，盛怒之下恶语相向会造成长久的伤害。现在，我也成了丈夫兼父亲，我要把这件事记在心里。这是一个教训，我要在生活里避免这种事情发生。

然而，说出口的话就像泼出去的水，是收不回来的，但你可以向对方道歉，坦白自己的感觉，而不是任其积累恶化。我们都想得到爱，都想被人理解。不论什么时候，哪怕是在对对方心烦的时候也要记住这一点，它将对你的生活大有帮助。不论是冒犯还是怠慢，都不要针锋相对、睚眦必报。我建议大家不要急于与丈夫或妻子争斗，而是通过温和宽慰的话和爱抚拉近彼此的距离。

压下去（而不是解决掉的）的问题常常会再度浮出水面，并且会变得像木桩上的楔子一样，每次打击都会加深裂缝，并加大修复的难度。我和佳苗总是在每天结束前解决掉所有矛盾。遵循“绝不带着怒气上床”的信条，对我们的睡眠极有好处，更不用说亲热的那点事了。若是两个人躺在床上准备睡觉，其中一个却是怒火冲天，那可不是什么好玩的事。把问题摆出来讲清楚，要比对问题视而不见好得多。你们不必达成完全一致的意见，可以各自保留意见，求同存异，或者第二天再把问题讲清楚——只要你能尽力做到换位思考就行。

说实话，我学会的最有用的道理是——谁对谁错其实毫无意义。我不知道大家是什么情况，反正我在一天结束的时候，是宁可认错服软，也要美人在怀的！

LOVE
WITHOUT LIMITS

爱情不设限

第十五章

心与家是守护我的一盏灯

LOVE WITHOUT LIMITS
爱情不设限

第十五章 ^^

我和佳苗还在度蜜月时，父亲给我打电话，并给我留了一条信息。他说，我们原打算回去之后入住的房子有问题。那栋房子是我们婚礼之前签的购房合同，原本打算蜜月之后就尽快住进去。

他说："力克，关于你那栋房子，我有个坏消息要告诉你。不过不用担心，我为你找到一栋新的。相信我，这一栋太完美了，不过你得快点决定才行。"

我气得直翻白眼，心想："爸，您这是捣什么乱，我在度蜜月呢。"

父亲是一个性格坚毅的塞尔维亚人，但他也有自己的小爱好——房地产。童年里，有一半时间，我是坐在父亲的汽车里，跟他四处看别人家的房子。父亲喜欢看房子，而非买房子。时至今日，他仍对房地产津津乐道。我想这可能是遗传来的爱好，因为他有很多亲戚都在加利福尼亚州的房地产行业工作。我也多多少少继承了一点这种基因，因为我也很喜欢看房子。父亲似乎对房子有第六感，或者他自认为如此。我在夏威夷度蜜月时给他回了电话，他说："你选的那栋房子，我总觉得不踏实，不过我又给你找到一栋很棒的。这栋房子是丧失抵押品赎回权[1]的，已经闲置了。它简直就是专门为你设计的呢。"

我对房子的基本要求有两个：一是方便轮椅行动；二是我能买得起。这将是我的第一栋房子，也是我们夫妻俩的第一栋房子。我努力工作，存了很多年的钱。加利福尼亚州的房价一直令我望而却步，但房地产业突然陷入了低谷，一夜之间，我就能买得起了，但这样的房子很少，而且大多数是银行的抵押房或短售房[2]。

我们签了合同的那栋房子，其实并不完全适合我入住生活，但我喜欢它所处的地段和周围的景色。父亲去看了一圈，发现了一些问题，于是他就决定另找一栋房子。说句心里话，我觉得父亲只是喜欢倒腾房子而已，所以在接到他的电话时，我有点不安。他一定是了解到了我的不安，因为随后他就和母亲给我发来新房子的300多张照片。他还问我和佳苗，是否需要我的两个表妹娜塔莉和拉瑞

① 丧失抵押品赎回权，又称取消抵押品赎回权。就是将房产抵押给借贷一方，即银行。此时，银行就自动成为该房产的所有人，并可以对该房产随意支配并进行买卖。简言之就是还不上房贷，房子被银行回收转卖了。

② 又称短卖房，指的是房屋的当前市场售价低于屋主目前的银行贷款额，屋主在卖掉房屋后没有其他资金来源补足这一差额还给银行或贷款机构。

尔（都是房地产经纪人）带着录像机去实地考察一番。

我承认，这栋房子和地段都很棒。房子里面挺乱，因为已经闲置了一段时间。露天厨房里的一些电器被拆掉了，但这栋房子真的很不错，所处的地段和周围的风景也好，一眼望去，远处的景色尽收眼底。房子只有一层，走廊很宽，我的轮椅能够轻松穿行。锦上添花的是，它的后院里有一个游泳池，还有人造瀑布和水滑梯。虽说尚未完工，但我们看到了它未来的样子。我和佳苗都喜欢游泳，而先前那栋房子没有游泳池。

父亲认为我们应该马上提出报价。随即，他就把合同传真到我们入住的酒店。我和佳苗惊讶于父亲为这件事所付出的努力。我们都未多做考虑，就把合同签了，传真了回去。接着，我对新婚妻子说："哈，咱们都没亲眼看看，就买了房子。"

然后，我想的是，这种事儿，我八辈子也做不出一次呀！

佳苗微笑了一下，给了我一个拥抱，但我知道她在想什么——原来嫁到他们家以后就得这样过日子呀……

说实话，我们俩都不是很担心。我非常信任父亲在房地产方面的眼光，何况还有娜塔莉和拉瑞尔帮忙参谋呢。这两位表妹都是贝塔叔叔的女儿，都在Prime Realty房地产公司当经纪人。我和佳苗都知道，即便是生活在破房子里，我们俩也是幸福的。（当然，要是有游泳池，那就更好了！）我们相信，上帝已经在我们心中安了家，所以，无论我们住在哪儿，他都会一直陪伴着我们，而他的爱会使我们俩的爱牢固如初。

结婚之前，我和佳苗曾经讨论过，我们要把家建造成一个安宁的、充满爱的小窝，一个远离我疯狂忙碌的外界事务的避风港。我们的目的是，将家和婚姻营造成安全地带，让我们的爱在这里与岁月一起成长。

这件事对我们的造物主同样重要。《圣经》教导我们，要对每一个遇见的人说："愿你平安！愿你一家平安！愿你拥有的一切平安！"现代社会中，由于经济的、情感的、身体的压力，夫妻感情很容易受到伤害。很多婚姻都因为外界的压力而土崩瓦解。我们不想出现这种情况。我们希望，婚姻和家能成为我们的避风港，为我们抵挡外界的种种压力。

买房子的温馨故事

度完蜜月回来之后，我和佳苗就迫切地想去新房子看看。之前，父亲和经纪人一直与我们保持密切联系，随时告知我们买房所需的各项手续。此外，他们还把入住之前要做的工作列了一份清单。

这栋房子简直是为我的特殊情况而量身定做的。它有一个很大的露台，还有一个露天厨房，里面原有一个嵌入式烤架、一个冰箱，还有洗涤槽。我们看不出露天厨房里原先有什么家具设备，因为原先放置厨房设施的地方现在只剩下坑洞了。要想把这个厨房恢复如初，我们需要更多的信息才行。

对我们的新家，我们还有别的问题。于是，我们就找到了以前房主的姓名和电话，但我不确定是否要给他打电话。毕竟这是一栋银行收回转卖的房子，而在失去爱房之后，前房主一定在情感上难以接受。

我留了一条手机短信，说我们无心打扰，只是有几个问题想要咨询。我想尽量表现得平淡一些，但我感觉很尴尬，因为我不知道前房主到底是出于什么原因而失去了房子。几天之后，前房主打电话过来了。他很和善地回答了我们的问题。他还解释说，他和妻子原本打算把心爱的房子建好，然后在里面住很多年。但经济危机来了，他失业了。他妻子原先开了一家美发室，可她后背受了伤，需要动好几次手术，还有并发症，家里的经济情况再次恶化。雪上加霜的是，房子的工程承包商卷了工钱逃跑了，家里的装修都没有完工。听着他的叙说，我为他们一家的经历而难过。

我对他说："很抱歉打扰了你，我们会好好照顾这个美丽的家。我们会珍惜你们投在这栋房子上的爱。能在这样一个美好的地方生活，我们的美梦成真了。"

他向我表示感谢。我则问他，我可不可以为他和他的家人祈祷，顺便解释说我是福音传道士和励志演讲家。可接下来，他说的话深深感动了我。

“力克，我知道你是谁。我们很愿意让你为我们祈祷。4年前，我们遭遇了这些巨变，那时我们的心情都很沉重，不愿离开这个家。我们一家人都哭了。尽管如此，我们还是向上帝祈祷，向他表示了感谢，因为在我们最困难的时候，家人、朋友以及给我们帮助和安慰的人都在我们身边。”

他还说，在全家人最为悲伤的时候，他就在网络上寻找安慰和鼓舞，接着就看到了我的视频。当然，那时，他根本想象不到有一天我和佳苗会买下他们的房子。

“我们全家人一起看了你的视频，我们都哭了，因为你向我们展示了，我们对上帝的信仰将引领我们渡过难关，就像你的信仰使你找到了人生的目标、过着美好的生活一样。”房主如此说道。

在我们的购房手续全部办完之后，他查看了公共档案，这才知道买房子的人是我。他说：“我们把家人聚在一起。我对他们说，你们绝对想不到谁买了我们的房子——就是那个在YouTube上给了我们鼓舞的没有四肢的年轻人。现在，他是我们房子的主人了，我想不出还有更好的人选了。”

我原以为跟前房主的对话会很尴尬甚至是痛苦的，不料却是如此温馨。上帝让我们结缘是有原因的，其中部分原因是，他想让我和佳苗从中学到些什么。前房主是带着夫妻之间以及对孩子们的爱和承诺建造了这栋房子，而一系列不可抗的灾难逼着他们放弃了它。他们为自己的损失而难过，但他们同时也意识到，他们仍拥有彼此，上帝的爱也会把他们凝聚在一起，并指引着他们渡过难关。

家给了我自由

在电话里跟前房主交谈时，我被他声音里透出的乐观心态打动了。尽管经历了种种艰难困苦，这个男子汉并不怨天尤人。在听完他的故事之后，我觉得，他们一家对上帝的信仰和对彼此的爱会给我和佳苗带来鼓舞。他们的故事告诉我们，房子漂亮与否并不重要，因为房子和财物瞬间就会失去，真正重要的，是信仰的力量，以及你与亲人之间的爱。

《圣经》里说，孤身一人是很脆弱的，容易被击垮，但是两个人——比如夫妻俩——就能背靠背屹立不倒，而三个人就更强了。如果上帝是你人生的一部分，也是你爱人人生的一部分，那你们三者就是一个整体，牢不可破。你可以用世间最坚硬的材料建造房屋，但信仰和家庭才是你唯一的、真正的港湾，为你抵挡世间的不幸、艰难和残酷。

归根到底，你真正的家是在心里。在这里，没有品头论足，没有责难，也没有别人的期望给你施加的压力。我在前文中曾提到过，小时候，每次在学校里被同学欺负、嘲笑、孤立，可只要回到家里，我就能找到慰藉。在家里，我不必因为与众不同而瞻前顾后，不必担心被人瞩目、被人取笑。

现在，我有了佳苗和清志，我们是一家人了，这比以前更好了。我们的婚姻进入新的阶段，我们想进一步系牢我们之间的纽带，这一切都将发生在我们美丽的家里，而且，无论我们在哪里、去哪里，爱总会伴着我们成长。

我和佳苗并未忽视这样一个事实：在我们心里，上帝永远是在首位，其次是爱人，再次是我们的家人。上帝是所有这一切的根基，所以信仰应该放在首要位置；如果不是上帝的安排，我和佳苗就不会在一起，也不会有儿子这个完美的恩赐。

谦恭的奉献

佳苗最近对我说，虽然她很喜欢我们的房子，但只有我也在的时候，那才叫“家”。我对她和清志的感觉也是如此。我们所面临的问题（至少是我们需要意识到、理解到的问题），不是把房子建得越来越大，而是与配偶、孩子、亲人建立愈加牢固的感情。在上帝的帮助下，我们将创造良好的家庭环境，在信仰上、在彼此的爱上把家人拉得更近。

我和佳苗的关系中有一部分与别的婚姻不大一样。除了妻子和母亲的角色，佳苗还要帮我处理没有四肢所带来的麻烦。我本不想麻烦她，但我们决定至少当前家里不需要护理员。

对佳苗来说，这就意味着额外的工作和责任，我对此心知肚明。前文曾提到的我的朋友兼良师乔妮·埃里克森·塔达，她曾写过很多她丈夫的事，他既是她的爱人又是她的护理员，他因此吃了很多苦、受了很多累。

与乔妮相比，我需要的照顾要少一些，因为我能四处移动，但即使如此，佳苗也要替我做很多事。大家可以想一想，一个人每天有数百个需要四肢做的事儿：做饭、吃饭、清理房屋、洗澡，甚至还有挠头皮……我想方设法独力完成其中三分之二的事，这样就不用太依赖别人了，但还有些事我得费九牛二虎之力、在特有的工具帮助下才能完成，有些甚至会伤到脖子。而跟别人的脖子相比，我的脖子已经够受罪的了。

佳苗每天都如此体谅地帮我做事，我对此惊讶不已。她在每一天的生活中的确是这样的，不然，我也许不会相信她的说法。她说，她对我的帮助是出自本能，没有丝毫犹豫。

还有一个事实是这样的：因为我身体有障碍，所以不能像大多数丈夫一样给妻子帮忙。他们大都能在妻子有别的事要做或疲惫的时候帮一把手，但我除了能逗清志玩之外别无贡献。他喜欢围着房子追我，还喜欢跟我一起坐在轮椅上兜风。当然，我也喜欢逗他玩。要是我能给他换尿布，能给他洗澡，他困了就哄他睡觉，他醒了就带他出去玩，那会更好。

于是，毫无疑问，佳苗比大多数妻子的日常工作量要大，但她不厌其烦地处理着这些琐事，而我对她的爱也与日俱增。我一直设法在请求她帮忙时不那么骄横、不给她增添负担。虽说不是每次都能奏效，但我一直尽量少麻烦她。与此同时，我还以任何可能的方式帮助她、为她奉献，以及表达我对她的爱。

日行小善，婚姻甜蜜

耶稣为了众生的罪而被钉死在十字架上，他是无私的终极楷模。他的爱是无与伦比的。在皈依了基督之后，我们就抛弃了个人欲求，将生命奉献给了上帝。结婚之后，我们遵循的也是同样的模式。夫妻二人把自私的“个体”抛弃，合成了一个无私的“整体”。

在婚姻中，“奉献”的心态能行得通吗？对“新手”来说，如果你想的只是让对方为你奉献，那是行不通的，这种婚姻也不会顺利。只有你去为对方做奉献，那才可行。我知道，这种说法太理想化、太单纯，也不可能天天如此，但是在我所见过的美满婚姻里，夫妻二人的确是这样对待彼此的，而且，这似乎已经成了他们的本能。我并不是说他们每一天的每一分钟都是这样，但他们似乎已经将其变成了一种常态。

在美满的婚姻方面，我恒久的楷模是维克托·施拉特和艾尔西·施拉特夫妇。他们已经结婚近60年了。他们是美国人，是我们家的朋友，如今在澳大利亚的“南太平洋教会”担任传教士。施拉特夫妇现在已经80多岁了，他们在巴布亚新几内亚已经做了数十年的传教工作。维克托还是个作家，他把《圣经》从英语翻译成新几内亚岛居民的语言。

我6岁大的时候就认识施拉特夫妇了。我去参加他们的教会野营，他们对我很热情。“热情”这两个字是很贴切的，因为当时为了御寒，维克托让我帮忙点燃了篝火。第一年参加他们的野营活动时，在干冷的天气里，我的脚后跟被冻裂了。艾尔西看到了我疼痛的样子，就问我是怎么回事，我撒了个小谎，说是玩滑板时碰伤的。我后来总觉得很愧疚，因为她待我那么好，我却骗了她。（艾尔西，向你真诚道歉！）她给我包扎好伤口，还给了我一些防冻霜。她知道我是被冻伤的，但是假装相信了我，还为我祈祷。

维克托和艾尔西在我眼里就是圣人。多年以来，我们一直关系密切。他们给了我巨大的鼓舞。很多人都对我能否做成全球布道事业而心存疑虑，而维克托和艾尔西支持着我，为我祈祷、祝我成功。

他们夫妻的爱是没有限制的。我和佳苗很幸运，能有他们这样美满的夫妻做模范。他们一起环球旅行，有时候，我会在旅途中碰到他们。他们俩总是为彼此自豪，总是欢声笑语不断，而且，他们总是努力让对方感受到自己的爱。

61年中每天的“我爱你”

要想描述维克托和艾尔西的婚姻是很难的。我原想说他们真的专注地爱着对方，彼此奉献，可这么说不很准确，因为他们的爱和奉献似乎不费吹灰之力——他们两人之间是诚挚的深爱。我曾问过维克托叔叔，这么多年，他们是如何使两人的感情保持牢固的，他回答说：“这不是什么虚情假意，也不是耍花招，而是上帝和我们俩三者同心，这才是牢不可破的。”

维克托是在大学三年级时认识了艾尔西。那时，他在美国普渡大学学习核能工程，准备毕业后去通用电气公司工作。艾尔西是在传统的基督教家庭出生长大。维克托回忆说：“当时，我的信仰没那么虔诚，但我相信上帝的存在，我相信我跟他之间存在联系。遇见艾尔西的时候，我正在寻找美好的生活。我喜欢钓鱼等好玩的事。”

第一次约会时，艾尔西就跟维克托说，她想一辈子追寻福音的教导。而他那时正在学工程学，所以，她的追求在他看来只是浪费生命。

维克托很喜欢艾尔西，但那天的约会进展不尽如人意。当天晚上睡觉之前，维克托改变了心意。他祈祷上帝的指引：“主哇，如果你是让这个年轻的女子帮我实现你对我的安排的话，我就听你的。”

他总是开玩笑说，在遇见艾尔西之前，他只是个肤浅的男人。遇到她之后，维克托意识到，艾尔西身上有他人生中需要的东西。“她长得很漂亮，可漂亮的人大有人在。她的优点不只是漂亮，她的精神正是我想要的。我学的是数学和科技，可我也需要信仰的平衡，否则的话，我的人生就是二流的。”

维克托提前从大学毕业，然后去了通用电气公司的核能工程部门工作了7年，随后他决定——信仰才是他和妻子最需要用心的地方。此后，他们就开始了传教生活，直到现在。

“我们的人生真是太有福气了。”他如此对我说道。

维克托和艾尔西的婚姻中最大的特点是，他们有一些根深蒂固的习惯，用于表达对彼此的爱和感谢。比如说，每个星期五，艾尔西都会为维克托朗读《圣经·箴言》。这段经文说的是贤良的妻子的美德：“才德的妇人谁能得到呢？她的价值远胜过珍珠。她丈夫心里倚靠她……她一生使丈夫有益无损。”

我相信，在多年的婚姻历程中，艾尔西为维克托带来了很多益处。她曾让我看过她写的一段对维克托的“赞美”之词，这篇短文在教会的夫妻作文比赛中得了一等奖。

我很荣幸，能跟世上独一无二的丈夫共度人生。由于父亲早逝，他很小就背上了重担：为了挣到几美分，他曾在商店里拖地；为了挣到几美元，他曾用铁锹挖墓坑；为了挣到更多的钱，他在美国当了核化学家。后来，在上帝的召唤下，他放弃了一切，一心为巴布亚新几内亚的人民翻译《圣经》。现在，他是作家兼演讲家！谈恋爱时，我对他说，我想要一个每天都会跟我说“我爱你”的丈夫。61年过去了，他一天都没落下过！他就是《圣经·诗篇》里描述的高尚男人！

我曾跟维克托和艾尔西共同出行，曾跟他们共度过很多个昼夜。他们琴瑟和鸣的样子令我惊讶。他们始终为彼此而自豪，并且，他们似乎总是在为对方而奉献。

心存谦卑

《圣经·腓立比书》里对仆人式的领导角色是这样描述的：“凡事不可结党，不可贪图虚浮的荣耀，只要存心谦卑，各人看别人比自己强。各人不要单顾自己的事，也要顾别人的事。”

这段话并不是说丈夫或妻子可以高人一等。它强调的不是“当仆人”，而是“奉献”，即时刻在其左右，留心对方的需求并提供帮助，把对方摆在首要位置，而不带有任何忌妒、攀比或其他可能影响夫妻感情的情绪。

这种在婚姻中“侍奉”对方的观点如何行得通？总是把对方的利益、需求、幸福放在首位，可能吗？对这些疑虑，很多朋友都笑了。有一个朋友说，对他来说，这事儿一点都不难，因为他妻子把一张便条贴在了冰箱门上，上面写着：“妈妈要是不高兴，谁都别想高兴！”

说实话，若不是多年以来看到维克托和艾尔西夫妻俩如此恩爱，彼此奉献，我也不会相信这种婚姻真的存在。我认为，其中诀窍在于，就像维克托所说的那样，他们从不把这当成什么大事儿，而是在每天的生活中通过种种小事和细节表达彼此的爱。他们能预知对方的需求，他们互相帮助，他们给对方暖心的话语、拥抱和爱抚。

他们肯定也有生气和失望的时候，但说实话，我从未见他们吵过嘴。他们对彼此的态度决定了他们的行为，而这种态度就是——把对方当成珍宝。

在谈及向妻子做奉献时，我常听到男士们有这样的担心：“我总是对她奉献，要是她不同样对我的话怎么办？”这好像是很多人的疑虑：我为对方付出了一切，可对方没有一丝回报怎么办？

这个问题的关键在于你的信仰及其力量。而我的想法是，我想为佳苗奉献，不是因为我想要得到她的回报，而是因为我认为，我对佳苗的认真与付出，是在荣耀上帝。只要上帝处在我人生的中心，那么我就不想要佳苗的任何回报。

但我这么做是有回报的。我不仅会有美满的婚姻，将来在天堂也会有美好的生活。我们想用我们恒久的爱给大家启迪，我们想让我们的婚姻像山丘上的城市一样，给周围人带来光明。

把爱人放在你人生的首位、行动的首位，这样做的话，你是在展示你的爱，荣耀你的结婚誓言。如果你的爱人没有投桃报李，也把你放在首位，那么你们可以好好交流一下，谈谈为什么会这样，以及怎么办。有时候，夫妻俩需要好好回顾一下，想想当初是什么把你们结合到一起的。

在本书最后，我和佳苗有些建议要送给大家，以帮助你们夫妻俩深化感情，保持婚姻的稳固。希望这些建议能让你们俩的关系越来越紧密，就像我们俩想要变得像维克托和艾尔西一样——他们俩已经结婚近60年了，其爱情未有丝毫褪色。他们就是最好的例子，把对方的需求放在首位，并且不是以此来荣耀我们自己，而是荣耀把我们结合在一起的上帝。如果一直这么做，那么我们也能变得像维克托和艾尔西一样。

巩固感情的生活方式

共同开启一天的生活

前文中曾经提到，我和佳苗已经养成了一个习惯，即每天早晨醒来之后共同读半小时到1小时的《圣经》。我们从中获得的益处是你无法想象的。它让我们心境平和，每天都怀着二人同心的自信开始一天的生活。作为基督徒，我们觉得每天以这样的方式为开端很有帮助、很有启发。大家不必非跟我们一样读《圣经》，任何能拉近夫妻感情的事都是可以的：一起散步、听音乐，一起喝咖啡、共进早餐。其间，可以平心静气地讨论一下你们的计划、梦想，以及你们感情的现状。

保持浪漫

家里凭空多了一个小孩儿，我们的生活当然会发生改变。我认识的很多夫妻都是如此。小家伙一来，你们的隐私和亲热就到头了，但这并不意味着你们不能做出调整和创新。当丈夫的人一定要牢记，女人是感性动物，所以，如果你忙于工作，与妻子的交流锐减，或出门几天，那么，在跟她有身体上的交融之前，首先得在感情上加加温才行。

揉背、拥抱、倾心交谈、对彼此的专注等小细节，都能帮助你们燃起浪漫的火花。在我身上，这事儿就需要一些创造力了。是的，大家都知道我会用下巴给佳苗按摩后背！

记住，买花、送巧克力、吃浪漫晚餐、送性感睡衣等手段，只有在事先让她感受到你的爱和关怀之后才会有效果。并且，保持心心相印并不是有了空闲时间才能做的事，而是要利用好任何一个时机。看到维克托和艾尔西恩爱的样子，我很是惊讶，因为他们的感情交流无休无止，他们时时拥抱、身体接触、彼此依偎、亲密交谈，60年如一日。他们一定是找到了其中的诀窍。

夫妻约会

说实话，单身的时候，我认为夫妻俩约会似乎有些可悲、有点做作。什么？你打算跟老婆出去约会？哥们儿，要是她跟你说她有别的安排了，怎么办？当然，现在我明白了。有了小孩儿，生活就忙碌起来了，所以你们得选好时机去加深夫妻感情。这种情况下，一个优秀的保姆可比一台高档自动化电器强多了。

我认识一些“沉迷”于两口子约会的夫妻，而他们的孩子也很理解——爸爸、妈妈常常喜欢俩人一起出去玩。

我和佳苗也加入了这个行列。要做到这一点有一个困难，即把工作和孩子抛在脑后，只专注于彼此及其感受。还有一个原则：不要谈钱或工作压力。我认识一个家伙，他跟妻子去享受一顿浪漫的情人节晚餐，可吃饭时他却跟妻子说，他刚刚换了份工作，他们得举家搬到另一个城市。结果，晚餐的气氛就全毁了。这就是不懂浪漫的典型例子！

短途旅行或度假

如果没有信得过的家人帮你照看孩子，这个方法就很难实施。但是，哪怕只是出门一两天，也是很有好处的。结婚纪念日就是一个很好的时机。如果孩子很小，你们可以选择去近郊做一次短途旅行。要是孩子已经十多岁了，你们就在后院里搭个帐篷，晚上睡在车库里吧（开玩笑的）！我有一些年长的朋友，他们在结婚之初就把夫妻二人的短途旅行或度假形成了习惯。现在，孩子们都长大了，离开了家，而夫妻俩出去旅行或度假就成了一项特别活动。他们可能不是每年的结婚纪念日都出去玩，但他们会把钱攒下来，每隔几年就出去旅行度假一次，共享快乐，庆祝二人相伴的人生。

成为彼此的益友

说实话，虽然我知道这种观点源于单身世界，但我觉得它在夫妻二人身上的效果才是最好的。不断有研究表明，最美满的婚姻，属于那些做了很长时间朋友才结为夫妻的人。我不明白，没有经过朋友这一阶段，两个人怎么可能一跃成为爱人。不过话说回来，也许是我的人生太安稳，没有那么多丰富的经历吧。可是，不管是要娶还是要嫁，你得真心喜欢这个人才行，对不对？

所以，就赶紧出击吧！我的意思是，找到两个人共同的兴趣，然后一起去做吧。可以是打猎、钓鱼（我的最爱！）等爱好；可以是航海、远足、自行车、攀岩等体育活动；也可以是更为轻松的休闲方式，如看电影、烹饪、去海边玩。

在怀上清志之前，我和佳苗经常一起去跳伞，不过以后我们可能不会再去了。现在，我们一同冒险的冲动已经锐减，但我们喜欢一起航海、游泳、冲浪、钓鱼。这些共同的兴趣爱好巩固了我们的友谊，还提醒着我们：孩子只是我们共有的兴趣之一，只不过是排在诸多兴趣爱好的首位而已。

与其他彼此真心喜欢的夫妻共处

这句话也是说起来容易做起来难，因为很多夫妻在跟别的夫妻相处时，两个人会互相取笑、嘲弄、拌嘴、争吵，甚至那些两人独处时能相处融洽的夫妻，在跟朋友在一起时也会有这种表现，并将其作为一种扭曲的娱乐方式。他们也许觉得这样做很有趣，但它与“加深夫妻感情”的目标背道而驰。我发现，跟维克托和艾尔西这种相爱的夫妻相处时，我和佳苗总能得到很多启迪和鼓舞。从他们身上，我们俩学会了如何加深感情。我们也明白了，爱情和友情能够长久不衰。要想找到无须相互攻击也能过得快乐的夫妻当朋友，也许会等上很长时间，但是一旦找到这样的人，你就可以把他们当成婚姻的模范，帮助你改善夫妻关系。（你也可以帮助他们！）

生活，爱，欢笑

佳苗最近曾对我说：“结婚以前，我们有那么多的欢笑，我很怀念那个时候。”她的话给我亮起了警灯。

她的话虽然有些逆耳，但她是对的。在我们恋爱期间的回忆里，有很多难忘的时刻，而在这些回忆里，我们都是忘情欢笑，笑得几乎喘不过气来。

是什么导致了现在这种状况呢?

对这个问题，我下意识的反应是：我们疲于应付生活中的事务，忙得焦头烂额——准备清志出生，对孩子到来后的生活进行调整，安顿三口之家的生活……无暇顾及欢笑与否。可事实上，生活和爱情中没有了欢笑，你是难辞其咎的。我应对欺凌、沮丧、孤立的撒手锏之一就是幽默。有很多次，我通过幽默化解了潜在的欺凌——或者是自嘲，或者是编个笑话，让对方对我的身体障碍无从下手。

虽然我以主题严肃的演讲谋生，但幽默一直都是我的固有元素。很早我就发现，如果我能让人们自嘲、或笑话我、或彼此打趣的话，那么他们很快就不再对我独特的外表耿耿于怀了。幽默具有治愈的效果。婚姻中需要幽默，它是我能想到的最便宜的“治疗手段”。

我认识一对夫妻，他们结婚已近30年了。他们每天仍是想方设法逗对方发笑。丈夫在修理东西方面不是很在行。有一次他过生日，妻子就送给他一个礼物——装在工具箱里的一只橡胶假手。箱子里还放了一张纸条，上面说的是，她知道他在干家务时需要别人“帮把手”。

而丈夫对此的反应是：他把那只假手藏在了她的衬衫里，她穿衣服时假手掉了出来，吓了她一跳。就这样来来回回地持续了好几年，到现在“假手战争”还在继续。整件事其实很简单，但他们俩都笑得很开心。从某种意义上来说，这也算是一种相互奉献、保持亲密的方式。

我和佳苗常开的玩笑是：要是我犯了错或是把她惹烦了，她会把我怎么样。迄今为止，她想到的惩罚方式有：用清志的婴儿围栏把我圈住，不让我离开家里的办公区；把我放进很深的浴缸里或清志的婴儿床里，在没人帮忙的情况下，我无法逃出去。我只是希望她尚未发现——我的身材放进冰箱里是太合适啦。

也许你们夫妻俩不是爱开玩笑的人，也不喜欢恶作剧，但即使是看看喜剧片、滑稽剧或搞笑视频，也能往你们的生活里注入欢笑。

爱情不设限

在加深感情、获得满足感方面，儿子清志是我和佳苗最宝贵的财富。他给我们的婚姻带来了太多的思考和快乐。单身的时候，我从未想过自己会多么爱自己的孩子，也从未想过，我对他的爱缘于我们俩都爱着他的妈妈。我愿意一整天看着他们母子俩在一起的情景，怎么都看不够。佳苗特别喜欢清志的搂抱和欢笑，清志对她也是极其爱慕，就像我一样。

由于出差的缘故，我没有看到儿子第一次站立，但我亲眼看到了他迈出第一步的过程。不在家的时候，我会通过电话或视频对清志说话。我告诉他，让他等着我，等我在他身边时才可以开口说话、才可以长牙、才可以学会走路。幸运的是，他真的是这么做的。

清志学会走路时，我们一家正在夏威夷。我要在夏威夷群岛上做一系列演讲，所以在4周时间里，我们要去很多地方。其间，我们住在毛伊岛上，就在两年前我和佳苗度蜜月时住过的酒店里。就在那时，儿子决定跟爬行说再见了。

出于多个原因，我一直在期盼这一刻的到来。他小时候，我仅仅是用背带襁褓“抱”了他很短一段时间，因为他的体重增长很快，没过多久，我的脊椎就承受不了了。并且，很小的时候，清志从未主动伸手让我抱过，而他总会投入佳苗、外婆、叔叔和阿姨的怀抱里。

很明显，他很早就意识到——他爸爸没有胳膊。所以，他只会给我一个拥抱，或是用小巴掌拍拍我的肩膀。我很感动，这是我从未有过的快乐体验。但我一直在想，清志学走路时会是怎样的情形。大家都知道小孩子学走路是什么样子：站起身来，借着一股冲劲儿快速向前迈出几步，然后俯身双手撑地或一屁股坐在地下（若是没有人在前面接着他们的话）。我不知道他是否愿意向我走来，因为我没有手，不能在他走完时扶住他，所以在他看来会有些冒险。

我想，学步时向我走过来就像是在没有安全网的情况下走钢丝：我的儿子，简直就是飞人瓦伦达！①当他在酒店房间的地毯上，蹒跚着朝我走过来的时候，大家一定能想象到我当时的惊喜。清志坚定地注视着我的双眼，收起下巴，朝我走过来。

天哪，看到他勇气十足地蹒跚着横穿房间，走向他的爸爸，这画面简直是太美了。他一步一步走过来，脸上挂着微笑，毫无畏惧

① 尼克·瓦伦达（Nikolas “Nik” Wallenda），1979年生人，飞人瓦伦达（The Flying Wallendas）家族的第7代空中表演成员。是一名美国钢丝表演与特技表演家，6次打破吉尼斯世界纪录。因多次在无任何安全措施保障的情况下走钢丝而闻名。

地走到了我的面前。接着，神奇的事情发生了（至少在我看来是很神奇的）。

儿子并没有在我面前停下脚步，等着我接住他，而是用他胖乎乎的小手抓住了我的衬衫，扶着我的锁骨、肩膀，以及任何能抓住的地方，然后向前挪了两步，伏在我的胸前，稳稳地停了下来。他喜气洋洋的，得意得不得了！

我简直欣喜若狂。这一刻，我想起了以前那些沮丧、烦躁的日子。我曾怀疑自己能不能找到爱人，能不能结婚成家。谁想认识我这样的人？谁会爱上我这样的人？谁会愿意跟我生孩子？像我这样的人，会有爱情的眷顾吗？

在清志走进我怀里的那一刻，我找到了以上问题的答案：都是肯定的！

大家的所有疑惑，其答案也将是肯定的。我们都是上帝的儿女，我们都值得被爱。如果你真心希望有一天会结婚成家，那就把我和佳苗的故事当成先例吧。另外，请记住书中所述的几个重要观点：

· 如果你想要的是爱情，那就绝不要放弃，因为上帝把这种渴望放到你的心里，是有其目的的。

· 你值得被爱，因为你是慈爱的天父创造的。

· 在这个世界上，有一个人会爱上你，与你共度余生。

· 美满的婚姻需要相互的、无私的爱，以及共有的、深远的、永恒的承诺。

·孩子是对婚姻的考验，抚养孩子能巩固你们的爱。但你们要能把家人的幸福置于自己的利益之上，彼此相知，毫不动摇地相互支持才行。

·婚姻若要“行得通”，就得抛弃原有的以自我为中心的心态，日益学会把上帝放在首位，把爱人和家庭放在次位，把自己放在末位。

·婚姻和家应该始终是一个安全、舒适，能让你感觉到爱和关怀的地方，是抵挡外界艰难困苦的港湾。

最关键的一点是，我希望大家都能相信“爱情不设限”。你也许觉得，世上的万事万物都是有局限的。我也知道，我们的智慧有限，我们的身体能力有限，我们在某些方面都有局限，但我们要相信上帝的力量，他让我们的爱情不设限。他每天都在改变着我，他让我成为一个好丈夫、好父亲、上帝的好儿女。

你要相信自己能够找到渴盼的爱情。你要明白，你有能力爱得没有限制，就像上帝向我们展示的爱一样。上帝首先会帮你去爱你的爱人和孩子，然后他们就会以难以置信的方式展示给你更多“爱情不设限”的真谛。

佳苗和清志使我每天都想变得更好，成为更好的基督徒。我想证明自己配得上他们无限制的爱，在我生命的每一天，我都想竭力拥有他们的爱。

我很感激佳苗与我合写了这本书，这样一来，大家就能了解她，也了解了我每天感受到的她的深爱。她是我的人生楷模，因为她拥有令人面目一新的神力：治愈情感的伤口、令人充满力量。在我认识的人里，她是最能给人启迪和鼓舞的，因为她爱着我这样一个不完美的人。她的爱，是耐心，是和善，是仁慈，是宽容，是鼓舞；她的爱，是呵护，是信任，是希望，是坚持。

我有上帝的爱，有美丽的妻子，有可爱的孩子，上帝对我的赐福无法衡量。如果你尚未找到爱情，我们会为你祈祷，与你一起祈祷。我们相信，你很快就会找到没有限制的爱情。

我们爱你们。

——力克、佳苗和清志

致 谢

我们把所有感谢和荣耀都献给上帝——圣父，圣子，圣灵。感谢我们的亲朋好友，谢谢你们无条件的爱和祈祷。谢谢你们对我们家，对我们的布道事业的支持。我们非常爱你们。感谢我们的写作伙伴威斯·史密斯，你又一次用励志的文字使很多人的人生变得更好。感谢我们的文稿代理——贾恩·米勒、妮娜·马多尼亚，以及杜普里·米勒代理公司的工作团队，感谢你们对本书的贡献。感谢皇冠出版集团。感谢沃特布鲁克·摩特诺玛出版集团——总裁兼CEO史蒂夫·科布、高级编辑布鲁斯·尼格伦、高级产品编辑劳拉·赖特。

我还要向大卫·普莱斯、他的妻子海伦、他们的家人，以及奥克斯基督学校表示感谢，谢谢他们多年以来对“没有四肢的人生”

充满信仰的爱和慷慨的支持。大卫，谢谢你，作为我们的兄弟兼“没有四肢的人生”的董事会成员，你一直推动我们向前、向上，追随上帝的荣耀。尤其感谢“没有四肢的人生”的董事会、咨询委员会及全体员工和团队，感谢你们的祈祷和辛勤工作，还有在全球推广布道事业的热情。

感谢“态度决定高度”的全体员工和团队，谢谢你们分担了我的梦想，创造出充满启迪和爱的布道方式，将信仰和希望传播出去。

最后，由衷地感谢追随和支持“没有四肢的人生”的志愿者、金融合作伙伴和祈祷者。衷心感谢上帝，谢谢他能让你们每一个人出现在我们的生活里。请把我们的布道事业、把我们幸福的一家放在你们的祈祷中和心里。

清志，爸爸和妈妈非常非常爱你。请多多担待，多一些耐心，因为我们每天都在上帝的恩宠下努力成为更好的父母。我们爱你。

宝宝，爸爸爱你。

宝宝，妈妈也爱你。

作者简介

力克·胡哲是一名福音传道者、励志演讲家，是非营利组织“没有四肢的人生”的负责人，旨在传播上帝的福音，减轻众生的痛苦。

力克生来没有四肢，却成为了全世界最鼓舞人心的代表人物。迄今为止，他一共去过54个国家，做过3000多场演讲。他在体育馆向人群做演讲，与国家元首和政府官员会面，为教育联盟、商业领袖、学生、穷苦人做演讲。他演讲的内容包括克服障碍、永不放弃，以及如何找到人生目标、信仰和希望。

力克是媒体的焦点人物。他曾受邀参加美国CBS电视台的《星期天早晨》，奥普拉的《人生课堂》，ABC电视台的《20/20》，《洛杉矶时报》，三一电视台，《700俱乐部》，詹姆斯和贝蒂·罗宾森的

《今日生活》《娇妮和朋友们》，珍妮特·帕歇尔，乔尔·欧斯汀，杜布森博士的《家庭对话》等栏目和媒体的专访。在国外，他两次参加澳大利亚《60分钟》节目访谈。2013年，他作为主讲人通过电视直播对12个国家的4亿人观众做演讲。

力克祖籍澳大利亚，现与妻子（亦即本书的合著者）宫原佳苗（佳苗·胡哲）、儿子清志居住在美国加利福尼亚州南部。

你是怎样的人，不是恶霸所决定的。

力克·胡哲生来没有四肢，所以他对"与众不同"深有体会。他也知道受人欺负是什么滋味，但他冲破艰难险阻，长大成人了。在《谁都不敢欺负你》这本书中，力克将教会大家在生活中应对欺凌的策略，还会令你信心大增。

试读请访问www.waterbrookmultnomah.com

“永不止步”这个词，意味着相信目标、实现目标。你要相信自己，相信你的才能、你的决心，最重要的是，你要相信上帝那伟大的爱以及他对你的人生安排。

在本书中，励志演讲家力克·胡哲详述了自己与“绝望”的斗争，并为所有不堪生活重负的人提供了切实可行的建议。

试读请访问www.waterbrookmultnomah.com

如果一切皆有可能，你的人生将会怎样？

在本书中，力克·胡哲与大家分享了他对上帝的信仰是怎样成为他的力量之源的。他解释说，在他找到了人生的目标——激励他人活得更好、让周围世界变得更好——之后，他也找到了自信，去打造一个不受限制的、有益的、充实的人生。翻开这本书，让力克鼓舞着你去开启属于你自己的不设限的人生吧。

试读请访问www.waterbrookmultnomah.com